FB-VIII-5

Sowjetunion
(UdSSR)

Mongolei

Nord-
Korea
Süd-

Japan

China

Türkei

Cyp.

Lib.

Syrien

Isr.

Irak

Iran

Afghanistan

Kuwait

Pakistan

Nepal

Jord.

Saudi-

Trucial
Oman

Ägypten

Arabien

Maskat
u. Oman

Indien

Bangla
Desh

Birma

Nord-

Laos

Pazifischer

Taiwan

(Großer od. Stiller)

Sudan

Jemen

Südjemen

Thailand

Vietnam

Kam-
bodscha

Süd-

Philippinen

Ozean

Äthiopien

Sri Lanka
(Ceylon)

Uganda

Somalia

Malaysia

Kenia

Indischer

Indonesien

Neu-
guinea

Tansania

port.

Malawi

Mesambik

ambia

Rhodes.

wana

Madagaskar

Australien

Swasiland

Ozean

ka

Lesotho

Tasmanien

Neuseeland

D1672023

Schäfer Weltkunde

5. Schuljahr

Bearbeitet von

Gregor Böttcher · Paul Busch · Jürgen Kindler · Friedhelm Kivelitz
Marie-Theres Reuther · Bernd Rouvel · Günther Schröder
Friedrich-Wilhelm Weber

FERDINAND SCHÖNINGH · PADERBORN

SCHÄFER · WELTKUNDE

Herausgegeben und bearbeitet von

Paul Busch, Fritz Hubertus Knöllner, Günther Schröder; Gregor Böttcher, Jürgen Kindler,
Friedhelm Kivelitz, Marie-Theres Reuther, Bernd Rouvel, Heinz Scholze, Friedrich-Wilhelm Weber

Bildquellenverzeichnis: ADN-Zentralbild (Link), Berlin (Abb. II/12); Aero-Photo GmbH & Co., Egelsbach (Abb.
V/14; Freig.-Nr. 33/71,); August Thyssen-Hütte (ATH), Duisburg (Abb. VII/2, VII/5, VII/6, VII/7); Dr. G. Böttcher,
Herne (Abb. I/16); G. Brinkmann, Hamburg (Abb. IV/5, IV/8); Dr. P. Busch, Bochum (Abb. IV/12, IV/15, IV/16,
IV/17); Gebr. Claas GmbH, Harsewinkel/Westf. (Abb. V/8); Deutsche Luftbild KG, Hamburg (Abb. VI/1; frei-
gegeben vom Luftamt Hamburg, Nr. 2300/74); Deutsches Museum, München (Abb. VII/8); ESSO AG, Hamburg
(Abb. VII/10, VII/11); E. Fischer, Hamburg (Abb. IV/7); R. v. Fransecky, Paderborn (Abb. III/8); Fremdenverkehrs-
verband Schleswig-Holstein, Kiel (Abb. III/1); Fremdenverkehrsverband Timmendorfer Strand, Gastgeberverz. 74
(Abb. III/5); Gesamtverband Steinkohle, Essen (Abb. VI/8, VI/9); Haacke & Haacke GmbH, Westercelle (Abb. II/3,
II/4); Dr. H. Heineberg, Bochum (Abb. IV/9, IV/10, IV/11); IfA-Bild, Stuttgart (Abb. VI/13); Dr. W. Jahn, Iffeldorf
(Abb. VII/19); J. Kindler, Rheda (Abb. V/1, V/19); Maschinenfabrik F. Klein, Salzkotten (Abb. V/7); Dr. F. H. Knöll-
ner, Recklinghausen (Abb. V/15); Foto Kräling, Siedlinghausen (Abb. IV/1, IV/2); Städt. Kurverwaltung (Prospekt
74/G. Remmer) Glücksburg (Abb. III/5); Landesbildstelle Rheinland-Pfalz, Koblenz-Ehrenbreitstein (Abb. II/5, II/6,
II/9; Freig. Bez.-Reg. Rheinhessen-Pfalz, Nr. 1952—3, Nr. 6557—4 (1), Nr. 9452—4); Landesvermessungsamt Nord-
rhein-Westfalen, Münster (Abb. I/14; Gen.-Nr. 4639 v. 30. 1. 74); K. Lehnartz, Berlin (Abb. II/11); Massey-Ferguson
GmbH, Eschwege (Abb. V/10); Foto Müller, Bottrop (Abb. II/2); Dr. U. Muuß, Altenholz-Kiel (Abb. I/10, V/2, V/4;
freig. unter SH 1036—151, SH 549—151, SH 581—151); M.-T. Reuther, Bottrop (Abb. II/1); SVR-Revierpark-
Nienhausen GmbH, Gelsenkirchen (Abb. II/13); Roland-Offset, Offenbach/Main (Abb. VII/9); B. Rouvel, Bochum
(Abb. III/23); G. Sander, Paderborn (Abb. I/2); Dr. W. Schiffer, Bensberg-Refrath (Abb. V/21); G. Schröder,
Sennestadt (Abb. III/5); Sabine Schulenburg, Paderborn (Abb. II/7); USIS, Bonn-Bad Godesberg (Abb. I/1);
Verlagsarchiv (alle nicht einzeln aufgeführten Abbildungen); W. Wallert, Göttingen (Abb. III/3, IV/4); F.-W. Weber,
Bochum (Abb. VI/12); F. Weigert, Fossilienprägewerk, Neuburg a. d. Donau (Abb. VI/6); I.-G. Wenke, Paderborn-
Dahl (Abb. VI/5); Werbe- und Verkehrsamt (M. Frank), Münster (Abb. II/8); ZEFA (H. Wöbbeking, E. Hummel,
C.L.J., F. Walther, D. Grathwohl, G. Eichner, K. Goebel, J. Bitsch, R. Pierrer), Düsseldorf (Abb. III/7, IV/3, V/9,
V/20, V/24, V/25, VII/1, VII/16, VII/17, VII/20).

Graphische Darstellungen: Dr. F. Hölzel, Rheda (Abb. V/18); G. Sander, Paderborn (Abb. IV/6, IV/14, IV/19, V/1,
V/3, V/5, V/6, V/7, V/11, V/13, V/16, V/17, V/22, VI/2, VII/3, VII/12, VII/23); S. Schulenburg, Paderborn (Abb. I/3,
I/5, I/6, I/11, I/12, I/15, I/17, VI/3, VI/14, VII/4, VII/13, VII/15, VII/18, VII/21).

Kartographie: W. Kosiedowski, Paderborn (Abb. I/4, II/10, III/6, III/16, III/17, III/18, IV/13, IV/18, V/23, VI/17).

INHALT

SCHÄFER · WELTKUNDE 5./6. Schuljahr. Unterrichtsreihe I. Best.-Nr. 21501. Ferdinand Schöningh, Paderborn

1. Unsere Erde, der „blaue Planet"

Als große Kugel kreist unsere Erde im Weltraum um die Sonne. Von dieser erhalten wir Licht und Wärme. Die Astronauten haben die Erde auch „blauen Planeten" genannt, weil die Lufthülle und die Ozeane die blauen Strahlen, die im Sonnenlicht enthalten sind, am stärksten zurückwerfen.

Betrachte das Weltraumfoto der Erde:

1. Wo scheint die Sonne, wo liegt Schatten auf der Erdoberfläche? Aus welcher Richtung kommen die Sonnenstrahlen? — 2. Welche Farben sind zu sehen? Was zeigen sie uns? — 3. Welche Formen entdeckst du in den weißen Wolkenfeldern? Vergleiche sie mit den Schaumstreifen auf der Oberfläche eines Flusses! — 4. Überlege, ob es im Weltraum „oben" und „unten" gibt. Drehe das Weltraumfoto um und betrachte es dann! Auch so können die Astronauten die Erde sehen. Was nennt man auf der Erde „oben" und „unten"? Zeichne eine Erdkugel mit kleinen Figuren auf den entgegengesetzten Seiten!

Abb. 1   Die Erde aus 182000 km Entfernung (Apollo 11)

I 1

2. Globus und Weltkarte, Abbilder der Erde

Seit ältesten Zeiten versuchten die Menschen, sich ein Bild von der Erdoberfläche und der Erdkugel zu machen. Auf Schiffsreisen und Expeditionen, durch Messungen und Berechnungen sammelten sie viele Angaben und zeichneten Ozeane und Landmassen, die Kontinente, auf eine kleine Kugel, den Globus. Teile der Erdoberfläche stellte man auf Land- und Seekarten dar, die immer mehr vervollkommnet wurden.

Abb. 2   Die östliche Halbkugel der Erde auf dem Globus (vgl. Abb. 1)

1. *Suche den auf dem Weltraumfoto sichtbaren Kontinent auf dem Globus! —* **2.** *Versuche, einen Globus mit Papier zu belegen! Auf welche Schwierigkeiten stößt du? Pause mit Pergamentpapier auf dem Globus nur die Kontinente ab und fertige eine „Weltkarte" an. Die freien Teile färbe blau. —* **3.** *Vergleiche noch einmal den Globus mit dem Weltraumfoto! Was „fehlt" auf dem Foto?*

I 2

Längen- und Breitenkreise überziehen Globus und Karten. Man hat das gemacht, um jeden Ort leicht finden zu können und die Oberfläche der Erdkugel besser auf eine ebene Karte zeichnen zu können. Den oberen Drehpunkt der Erde nennt man Nordpol, den unteren Südpol. Genau um die Mitte der Erdkugel geht der Äquator. Alle Linien, die wie immer kleiner werdende Ringe um die Erde parallel zum Äquator verlaufen, nennt man Breitenkreise. Sie haben alle die gleichen Abstände voneinander. Alle Kreise, die durch beide Pole laufen und so aussehen wie Schnitte, die man in eine Apfelsinenschale macht, heißen Längenkreise oder Meridiane. Sie sind alle gleich groß. Der Meridian, der durch London geht, heißt Null-Meridian (geschrieben 0°: sprich Null Grad!).

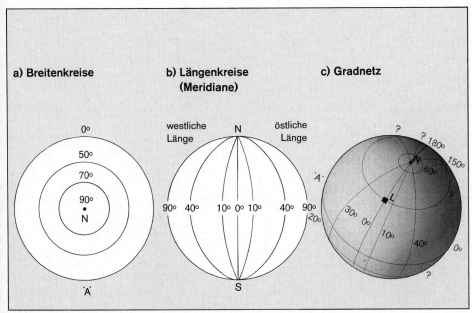

Abb. 3   Das Gradnetz

4. *Suche auf dem Globus die Pole, den Äquator, den Null-Meridian! — Welche Linien schneiden sich in London? — **5.** Die Gradbezeichnungen in den Abb. 3 b und c erscheinen fast alle doppelt. Wie kann man sie voneinander unterscheiden? — **6.** Zeichne auf einen Fußball nacheinander mit Kreide die Pole, den Äquator, auf die Nordhalbkugel und auf die Südhalbkugel je einen Breitenkreis und zwei Längenkreise! — **7.** Stecke auf dem Globus den Anfang eines Fadens bei Hamburg fest und suche die kürzeste Flugroute nach New York und Tokio! Vergleiche diese Flugrouten mit den kürzesten Schiffsverbindungen (bei Kursänderungen des Schiffes Stecknadeln einstecken)!*

Die Erdachse ist nur eine gedachte Linie. Um sie dreht sich die Erde in 24 Stunden einmal um sich selbst. Außerdem kreist die Erde im Laufe eines Jahres einmal um die Sonne. Die Erdachse steht dabei schräg zur Umlaufebene. In genau der gleichen Schräglage schiebt man deshalb durch den Globus eine richtige Achse.

Erdkugel, Globus, Äquator, Breitenkreis, Längenkreis (Meridian), Pol, Erdachse

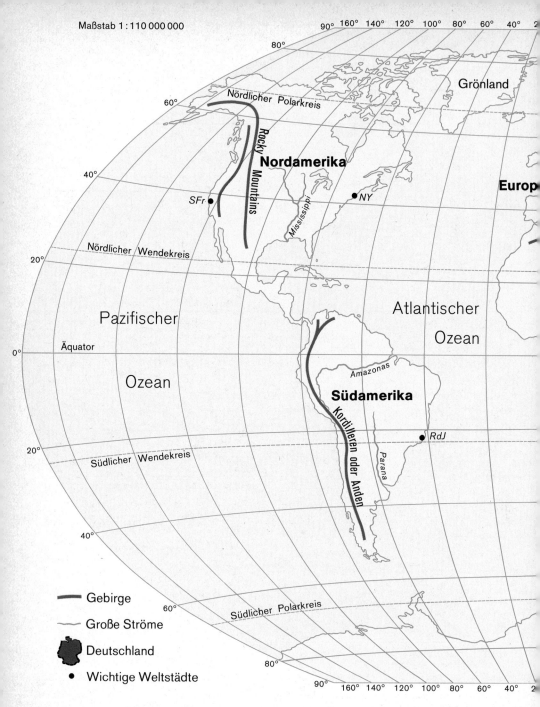

Maßstab 1 : 110 000 000

80°

90° 160° 140° 120° 100° 80° 60° 40°

Grönland

60° Nördlicher Polarkreis

Rocky Mountains

Nordamerika

Europ

40°

SFr •

• NY

Mississippi

Nördlicher Wendekreis

20°

Pazifischer

Atlantischer

Äquator

Ozean

0°

Ozean

Amazonas

Südamerika

Kordilleren oder Anden

Parana

• RdJ

20°

Südlicher Wendekreis

40°

— Gebirge

60°

Südlicher Polarkreis

— Große Ströme

Deutschland

80°

• Wichtige Weltstädte

90° 160° 140° 120° 100° 80° 60° 40°

8. *Vergleiche die Größe von Südamerika, Grönland und der Antarktis miteinander auf der Weltkar*
und dem Globus. Welche Darstellung kommt der Wirklichkeit am nächsten? Was kannst du übe
die Genauigkeit von Karten aussagen? Ziehe zur Begründung auch deine selbstgeklebte „We
karte'' hinzu! Worin liegt die Schwierigkeit?

Abb. 4 Weltkarte

I 4

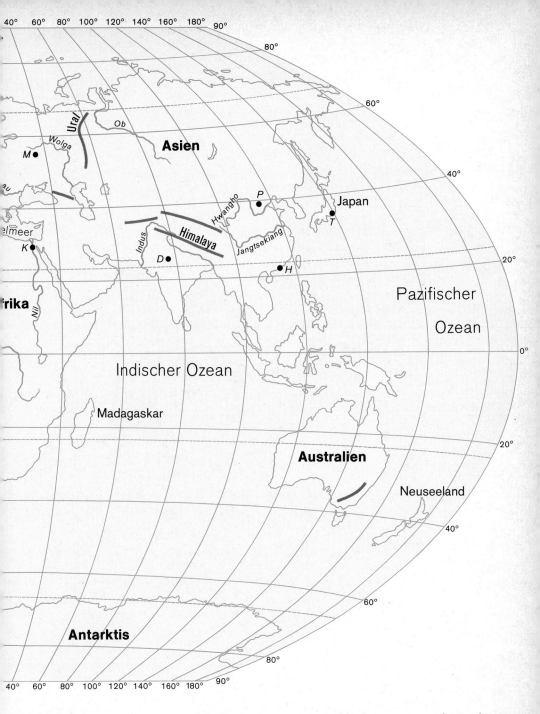

40° 60° 80° 100° 120° 140° 160° 180° 90°

80°

60°

Ural

Ob

Wolga

Asien

M●

40°

au

Hwangho

P
●

Japan

elmeer

Indus

Himalaya

Jangtsekiang

T

20°

K●

D●

●H

rika

Nil

Pazifischer

Ozean

0°

Indischer Ozean

Madagaskar

Australien

20°

Neuseeland

40°

60°

Antarktis

80°

40° 60° 80° 100° 120° 140° 160° 180° 90°

. Nenne die Namen der Kontinente, Ozeane, Gebirge, und großen Ströme sowie der wichtigsten
Weltstädte!

. Was ist auf der Weltkarte aus den Breiten- und Längenkreisen geworden?

. Enthält die Weltkarte viele Einzelheiten?

. Wer braucht Weltkarten? Wozu braucht er sie?

I 5

3. Unser Wetter

Du hast sicher schon interessante, vielleicht auch gefährliche Wettererscheinungen beobachtet, erlebt oder davon gehört, z. B. Gewitter, Sturm, Wolkenbruch, Glatteis, große Kälte oder Hitze, Nebel, Regenbogen, Schneesturm.

1. Berichte über deine Erlebnisse! — 2. Was versteht man unter „schönem" und „schlechtem" Wetter? Was würde ein Bauer, was ein Urlauber zu einigen Regentagen sagen? — 3. Sieh und höre dir den Wetterbericht im Fernsehen an! Wiederhole einen Wetterbericht! Welche Angaben mußt du machen? — 4. Beschreibe das Wetter, das gerade draußen herrscht!

Wenn wir uns draußen aufhalten, stehen wir mitten im Wettergeschehen. Wetter nennen wir nämlich den jeweiligen Zustand der uns umgebenden Luft. Das Wetter ist aber nicht eine einfache Erscheinung, sondern entsteht durch das Zusammenwirken verschiedener Kräfte. Die spürbarsten sind Temperatur, Niederschlag und Wind. Das Wetter kann sich schnell ändern. Meteorologen beobachten viele Jahre hindurch das Wetter und berechnen dann den durchschnittlichen Ablauf. Diesen durchschnittlichen Ablauf nennt man Klima.

Die Sonne ist der Motor des Wetters. Je steiler, aber auch je mehr Stunden die Sonnenstrahlen einfallen, desto wärmer wird es. Du merkst das am Strand: In der hoch vom Himmel strahlenden Mittagssonne bekommst du schneller einen Sonnenbrand als im flach einfallenden, milden Licht der Abendsonne. Am Strand stellst du auch fest, daß sich Wasser und Sand sehr unterschiedlich erwärmen. Ähnlich ist es bei den großen Ozeanen und Kontinenten. Diese Unterschiede wirken sich auf Wetter und Klima aus.

Die Jahreszeiten, und damit die großen Änderungen im Jahresablauf des Wetters, werden bei uns durch die Temperatur bestimmt. Das merkst du schon an der Kleidung, die du im Sommer oder im Winter brauchst. Man kann die Jahreszeiten auch am Zustand der Pflanzenwelt erkennen, weil das Wachstum der Pflanzen vom Wetter abhängt.

Abb. 5   Temperaturkurve und Niederschlagshöhe eines Tages und eines Jahres

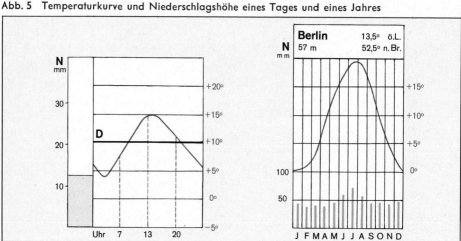

Wir beobachten, messen und berechnen im Laufe des Jahres:

5. *Berechne die Tageslänge vom*
   21. Juni: *Sonnenaufgang 3.45 Uhr, Sonnenuntergang 20.30;*
   21. Dezember: *Sonnenaufgang 8.14, Sonnenuntergang 15.52 Uhr!*

6. *Miß die Temperaturen draußen im Schatten einer Hauswand, in der Sonne, unter Buschwerk oder im Wald; in der Klasse am Fußboden und unter der Decke; am Strand im Sand und im Wasser! Erkläre die Ursachen der Unterschiede!* —
7. *Miß um 7 Uhr, 13 Uhr und 20 Uhr die Temperatur im Schatten! Zähle die Werte zusammen! Als Ersatz für die Nachtmessung muß die 20-Uhr-Temperatur doppelt gezählt werden. Wenn du die Summe durch vier teilst, erhältst du die durchschnittliche Tagestemperatur. Sie entspricht meistens der Temperatur um 10 Uhr vormittags. Daher brauchst du bei längeren Beobachtungen nur diese zu messen. Wenn man die durchschnittlichen Tagestemperaturen einen Monat lang feststellt und dann durch 30 (31/28) teilt, erhält man den Monatsdurchschnitt. Zeichne wie in Abb. 5 mehrere Tageskurven, eine Wochenkurve und die Monatskurve für Januar und Juli! Berechne die entsprechenden Durchschnitte! Zählt auch die Tage mit Frost im Winter und die Tage, an denen ihr hitzefrei bekommt. Welche Bedingungen müssen hierfür vorliegen?* —
8. *Stelle eine Jahreskurve aus den durchschnittlichen Monatstemperaturen zusammen!* —
9. *Trage die Durchschnittstemperaturen der vier Jahreszeiten in eine Tabelle ein und ergänze diese durch Angaben über den Pflanzenwuchs und über Arbeiten, die der Bauer oder Gärtner verrichtet (Beispiel: Frühling, April, 12, Beginn der Obstbaumblüte, Säen und Pflanzen von Gemüse und Kartoffeln)!* — 10. *Zeichne nach dem Vorbild der Abb. 5 die Klimakurven für Freudenstadt! Benutze dazu die folgende Aufstellung!*

Freudenstadt 723 m ü. M.   48° 28′ n. B.   8° 25′ ö. L.

Monat	I	II	III	IV	V	VI	VII	VIII	IX	X	XI	XII
Niederschlag (mm)	131	116	133	111	110	119	126	111	103	124	140	158
Temperatur (°C)	—1,3	—0,4	1,9	5,9	10,4	13,8	15,7	15,0	11,9	7,3	2,2	—0,6

Berlin 57 m ü. M.   52° 32′ n. B.   13° 26′ ö. L.

Monat	I	II	III	IV	V	VI	VII	VIII	IX	X	XI	XII
Niederschlag (mm)	43	35	40	39	48	60	78	59	43	45	43	48
Temperatur (°C)	0,2	1,0	4,0	8,6	13,7	17,3	19,0	18,1	14,6	9,5	4,1	1,1

Vergleiche die Klimakurven von Berlin und Freudenstadt!

11. *Miß die Regenmenge eines Tages, indem du ein Litermaß mit möglichst genauer Einteilung draußen aufstellst. Lege einen Trichter auf die Öffnung, der etwa die gleiche Größe hat. Dadurch wird die Verdunstung des Wassers verhindert. Trage die gemessene Regenhöhe in die Tabelle der Aufgabe 7 ein! Zähle einen Monat lang die Regentage. Denke daran, daß es auch andere Niederschlagsarten als Regen gibt, z. B. Schnee, Hagel, Nebel, Tau, Reif. Wenn man Schnee auftaut, weiß man, wieviel es statt dessen geregnet hätte.*

Temperatur, Temperaturkurve, Durchschnittstemperatur, Niederschlag, Jahreszeit

4. Unsere räumliche Umwelt

Es gibt eigenartige Wörter, mit denen die Menschen ihre Umgebung kennzeichnen: Häusermeer, Flußbett, Bergrücken, Tafelberg, Bergfuß, Eisberg, Sandstein, Pflanzenkleid, Schienennetz, Frankfurter Kreuz. Wie kann man sich diese Wörter erklären? Unsere Umwelt besteht aus verschiedenartigen Teilen, die entweder von Natur aus da sind, z. B. Berge und Wälder, oder die vom Menschen geschaffen wurden, z. B. Häuser und Straßen. Auf dem Lande sehen wir mehr natürliche, in der Stadt mehr vom Menschen geschaffene Formen.

1. Beschreibe von einem Berg oder Hochhaus aus, was du im Gelände um dich herum siehst. Unterscheide dabei: die Bodenformen (Berge, Täler, ebene Flächen), die Gewässer (Flüsse, Bäche, Seen, Kanäle), die Verkehrslinien (Straßen, Autobahnen, Eisenbahnen, Wege), die Gebäude (Wohngebiete, Industrieanlagen, Dörfer), den Anbau auf den Feldern und das natürliche Pflanzenkleid (Wald, Wiese, Acker, Gärten)! — 2. Male von der von dir beobachteten Umgebung eine „Landkarte" oder erfinde selbst eine Landschaft! Benutze dazu deinen Farbkasten! — 3. Zeichne in ein Streifenbild, wieviel Teile der Landschaft aus Wald, Feldern, Wiesen, Wohn- und Industrieanlagen und Verkehrswegen bestehen. Du kannst natürlich nur schätzen. Wie würde das in der Stadt und wie auf dem Lande aussehen?

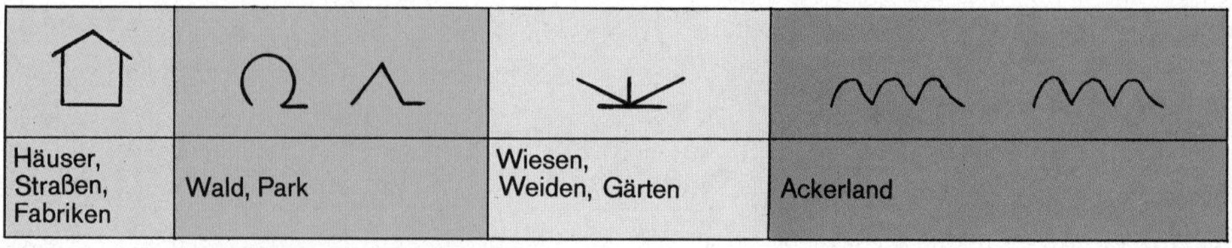

Abb. 6   Aufteilung des Bodens in der BRD

Der Grundriß ist die einfachste Karte. Baut einmal im Sandkasten aus Spielzeug eine kleine Stadt auf! Betrachten wir ein Häuschen von oben, so sehen wir auf das Dach. Nehmen wir das Häuschen weg, so zeichnet sich im Sande nur noch die Stelle ab, wo es festgedrückt war. Das ist der Grundriß, wie ihn Stadtpläne zeigen. Gebäude, Häuserblöcke, Höfe, Straßen und Gärten werden auf ihnen im Grundriß gezeichnet.

Der Maßstab gibt an, in welchem Größenverhältnis eine Karte angelegt ist. Ein verkleinerter Maßstab ist nötig, wenn du den Grundriß deines Zimmers oder des Schulraumes zeichnen willst. Du kannst Länge und Breite nämlich nicht so groß nehmen, wie sie in Wirklichkeit sind. Daher nimmst du für jeden Meter im Raum einen Zentimeter auf deinem Zeichenpapier. Die Längenmaße in deiner Zeichnung sind dann nur der 100. Teil der wirklichen Länge. Die Zeichnung hat jetzt den Maßstab 1 : 100 (1 cm in der Zeichnung ist gleich 100 cm in der Wirklichkeit).
Wir messen ein Stück auf der Karte Abb. 7. Der Maßstab 1 : 25000 sagt uns, daß 1 cm auf der Karte in Wirklichkeit 25000 cm = 250 m in der Natur ist. Das gilt für alle Entfernungen auf dieser Karte, sie sind alle auf den 25000. Teil verkleinert. Wir sagen: Die Karte hat den Maßstab 1 : 25000. Sollen noch größere Flächen dargestellt werden, so müssen die Maße auf der Karte im Verhältnis zur Wirklichkeit immer kleiner genommen werden. Wir erhalten Kartenblätter 1 : 50000, 1 : 100000 usw.

Kartenzeichen müssen bei so kleinen Maßstäben helfen, die Wirklichkeit abzubilden. Denn je kleiner der Maßstab wird, um so weniger Einzelheiten können auf einer Karte dargestellt werden. So bedeutet beim Maßstab 1 : 1 000 000 1 Millimeter auf der Karte gleich 1 Kilometer in der Natur. Dann können Gebäude, Häuserblöcke und selbst Dörfer nicht mehr im Grundriß gezeichnet werden. Kleinere Orte werden durch einen kleinen Kreis dargestellt, mittlere durch einen Kreis mit einem Punkt darin, große durch ein kleines Quadrat. Nur die ganz großen Städte zeigen noch den Grundriß ihrer bebauten Fläche. Auch auf Karten größeren Maßstabs hilft man sich mit Kartenzeichen, wenn man kleine, aber wichtige Einzelheiten darstellen will.

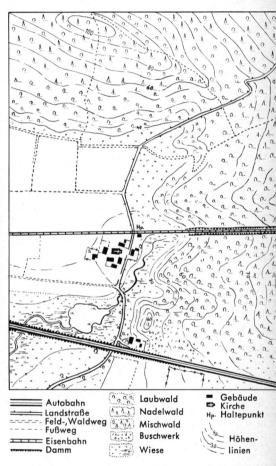

Abb. 7
links: Landschaft aus der Vogelschau

rechts: Darstellung dieser Landschaft auf einer Karte
im Maßstab 1 : 25000

▬▬▬ Autobahn	Laubwald	▬ Gebäude
▬▬ Landstraße	Nadelwald	Kirche
▬ ▬ ▬ Feld-, Waldweg	Mischwald	Hp. Haltepunkt
▬ ▬ ▬ Fußweg		
▭▭▭ Eisenbahn	Buschwerk	Höhen-
▬▬▬ Damm	Wiese	linien

4. Zeichne: im Maßstab 1 : 100 eure Wohnung, im Maßstab 1 : 1000 das Schulgrundstück und den Spielplatz, im Maßstab 1 : 100000 den Ortsteil, in dem die Schule liegt oder du wohnst! — **5.** Beschaffe dir einen Ortsplan deines Heimatortes und zeichne deinen Schulweg ein; berechne die Entfernung von der Wohnung zur Schule! — Suche auf der Ortskarte die höchste und die tiefste Stelle! — Lege einen einfachen Ortsplan (Matrizenabzug) farbig an: Häuser rot, Straßen und Wege schwarz, Wälder und Grünland grün, Ackerland braun!

Die Höhendarstellung hängt davon ab, ob wir eine farbige oder schwarz-weiße Karte vor uns haben. Schlagen wir im Atlas einmal eine Karte unserer Heimat auf. Die roten und schwarzen Punkte sind, je nach ihrer Größe, Dörfer oder Städte. Die blauen Linien erkennen wir leicht als Flüsse. Das Grün, das einen Teil der Karte einnimmt, stellt Tiefland dar. Das Braun bedeutet Bergland. Je höher ein Gebirge ist, desto dunkler ist das Braun der Karte. So kann man mit Hilfe der Farben die Höhen der Erdoberfläche kenntlich machen.

Es gibt aber auch Karten, auf denen die Höhen anders dargestellt werden, vor allem, wenn die Karten nicht farbig sind. Wir wollen uns das klarmachen. Forme einen Berg aus Plastilin. Schneide ihn in gleich dicke Scheiben. Legst du die Scheiben wieder in ihrer ursprünglichen Lage aufeinander, so siehst du, daß die Schnittlinien in gleicher Höhe um den Berg laufen (Abb. 8a, c). Lege nun die einzelnen Scheiben nacheinander, ihrer früheren Lage entsprechend, auf ein Stück Papier und umziehe jede Scheibe mit dem Bleistift. Vergleiche diese deine Zeichnung mit der Form des Plastilinberges in Abb. 8a. In der Zeichnung haben wir jetzt den Berg durch Höhenlinien dargestellt. Wo die Linien am dichtesten sind, ist der Berg am steilsten (vergleiche auch mit Abb. 8d).

Noch eine dritte Möglichkeit gibt es, Höhen darzustellen. Wenn wir unseren Plastilinberg im verdunkelten Zimmer von oben her beleuchten, erscheinen die steilen Stellen dunkler als die flachen. Wollen wir diese Beobachtung in unserer Zeichnung durch Strichelchen darstellen, so müssen wir sie an der steilen Seite ganz dicht zeichnen, denn der Berg ist hier dunkler. Am sanften Hang liegen die Striche (Schraffen) weiter auseinander, der Berg wirkt hier heller (Abb. 8a, b).

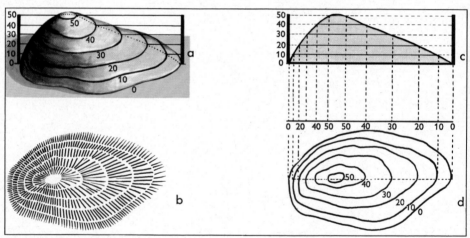

Abb. 8a—d   Darstellung eines Berges in Höhenlinien und Schraffen

6. *Schlage deinen Atlas auf und vergleiche die am Anfang stehenden Luftbilder oder Vogelschaukarten mit den dazugehörigen Landkarten! Erkläre die Zeichen, die du dort findest! —* **7.** *Welche Arten von Karten findest du im Atlas? Welche Spezialkarten gibt es? Welche Maßstäbe haben sie? Schlage dazu das Inhaltsverzeichnis in deinem Atlas auf! —* **8.** *Haben die Farben auf verschiedenen Karten immer die gleiche Bedeutung?*

Grundriß, Maßstab, Höhenlinien, Schraffen, Karte, Luftbild, Atlas

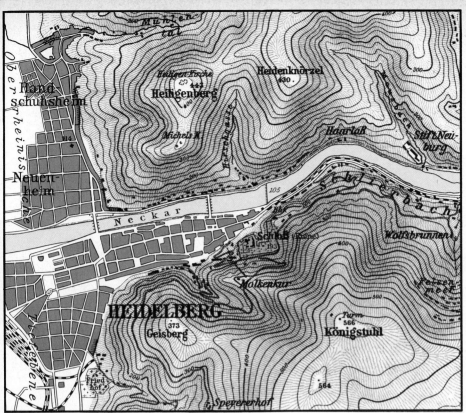

Abb. 9   Karte von Heidelberg mit Höhenlinien und Schraffen. Maßstab 1 : 40000

Abb. 10   Luftaufnahme von Heidelberg. — Vergleiche Karte und Luftbild und stelle fest, von welcher Seite die Luftaufnahme gemacht wurde! Wie kann man sich am besten orientieren?

5. Von den Himmelsrichtungen

Die Ferien führen uns oft in unbekannte Gegenden. Auf Wanderungen kann man sie genauer kennenlernen. Dabei benutzen wir eine Wanderkarte. Mit ihrer Hilfe können wir, ohne Furcht uns zu verirren, auch nicht gekennzeichnete Pfade gehen. Man sucht auf der Karte zunächst den Ort, an dem man sich befindet, dann das Ziel, zu dem man wandern will. Schließlich stellt man fest, welche Wege am schnellsten und leichtesten zum Ziel führen. An Wegegabelungen und Kreuzungen zeigt uns die Karte, in welche Richtung man geben muß.

Selbst quer durch die Wälder kann uns die Karte führen. Auf jeder Karte ist Norden immer oben, Süden unten, Osten rechts und Westen links. So kann man leicht die Himmelsrichtung feststellen, in der unser Ziel liegt. Wie aber findet man diese Himmelsrichtung in der Natur?

Die Bestimmung der Himmelsrichtungen ist am Tage mit Hilfe der Sonne möglich. Mittags, wenn sie am höchsten steht, sieht man sie im Süden. Kehren wir ihr den Rücken zu, schauen wir nach Norden. Rechts ist Osten, links Westen, wie auf unserer Karte (s. Abb. 14).

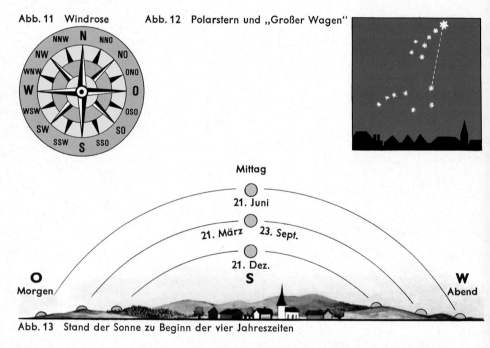

Abb. 11   Windrose

Abb. 12   Polarstern und „Großer Wagen"

Abb. 13   Stand der Sonne zu Beginn der vier Jahreszeiten

1. *Wann wirft ein Stab den kürzesten Schatten? Was kannst du auf diese Weise feststellen? —* **2.** *Stelle mit Hilfe eines Stabes und einer Uhr eine Sonnenuhr her!*

In der Nacht können wir uns nur zurechtfinden, wenn die Sterne leuchten. Benachbarte Sterne hat man zu Sternbildern zusammengefaßt. Ein solches Sternbild ist der „Große Wagen". Er ist am Himmel leicht zu finden. Verlängern wir die hintere „Wagenkante" fünfmal, dann stoßen wir auf einen hellen Stern, den Polarstern (s. Abb. 12). Er steht genau im Norden.

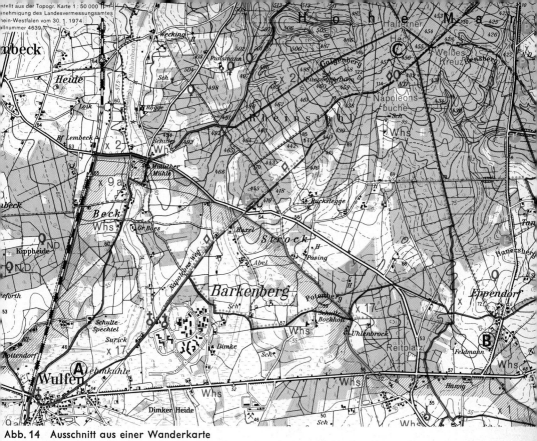

Abb. 14 Ausschnitt aus einer Wanderkarte

Der Kompaß hilft uns, wenn Sonne und Sterne nicht leuchten. Eine Magnetnadel, die so aufgehängt wird, daß sie frei schwingen kann, stellt sich immer in Nord-Süd-Richtung ein. Beim Kompaß schwingt sie über einer runden Scheibe, auf der die Himmelsrichtungen eingezeichnet sind.

Windrose nennt man eine solche Zeichnung. Neben den Haupthimmelsrichtungen (N, S, W, O) sind dazwischen auch die Nebenhimmelsrichtungen dargestellt. Auf eine Karte gelegt, hilft uns die Windrose, die Richtung zwischen zwei Orten zu bestimmen.

3. Zeichne eine Windrose, schneide sie aus und bestimme damit auf einer Karte (Abb.14) die Richtungen von A nach B, von B nach A, von A nach C und von C nach A! Worauf mußt du achten, wenn du die Windrose auf die Karte legst? — **4.** Bestimme auf einer Karte im Atlas die Himmelsrichtung, in der von deinem Heimatort aus Berlin, Hamburg, Köln, Frankfurt, Stuttgart und München liegen! — **5.** Die ersten Kompasse wurden von den Kapitänen der Segelschiffe benutzt. Erkläre, warum man diese Zeichnung „Windrose" nannte! — **6.** Bestimme die Richtung deiner Straße oder die Richtung, in der du von einem Hügel aus einen Kirchturm, einen Nachbarort, einen Berg siehst! Schätze die Himmelsrichtung zunächst nach dem Mittagsstand der Sonne, überprüfe die Schätzung dann mit dem Kompaß!

Himmelsrichtung, Kompaß, Windrose

6. Die Menschen um uns herum

Wenn du die Menschen, die du kennst oder gelegentlich triffst, aufmerksam betrachtest, wirst du feststellen, daß man sie in verschiedene Gruppen einteilen kann, z. B. nach dem Alter, den Berufen, der Herkunft oder dem Wohngebiet. Alle Gruppen zusammen gehören zur Gesellschaft.

1. *Eine Schulklasse ist eine Gesellschaft im kleinen. Wir wollen die Gruppenzugehörigkeit untersuchen und dazu einen Fragebogen ausfüllen. Du brauchst deinen Namen nicht auf den Bogen zu schreiben. Hier ist ein Beispiel für eine Klasse mit 32 Schülern.*

FRAGEBOGEN	Ich (X oder Zahl)	Klasse (Gesamtzahl)
a) Mein Vater (meine Mutter) arbeitet in der/im:		
1. Industrie		7
2. Land- und Forstwirtschaft		4
3. Handel und Verkehr	X	8
4. Verwaltung, Gesundheits- und Erziehungswesen		9
5. sind nicht berufstätig.		4
b) Wir wohnen:		
6. in der Stadt (Zentrum).	X	15
7. in einem Vorort (Stadtrand)		11
8. auf dem Lande		6
c) Unsere Wohnung liegt in einem:		
9. reinen Wohnviertel		10
10. Geschäftsviertel	X	8
11. Industrieviertel bzw. Gewerbegebiet		5
12. gemischten Wohn- und Gewerbegebiet		9
d) Unsere Wohnung:		
13. hat Räume (Zahl der Zimmer)	4	
14. ist groß genug	X	20
15. ist nicht groß genug		12
16. beherbergt Familienmitglieder	4	
17. bekommt am Nachmittag Sonne	X	25
18. In unsere Wohnung dringen Lärm und Staub	X	21
e) Ich spiele draußen meistens:		
19. auf dem Bürgersteig oder Hof	X	18
20. auf einem Spielplatz.		7
21. auf einer Wiese, im Wald oder Garten		7
22. Ich bin damit zufrieden		17
23. Ich bin damit nicht zufrieden	X	15
f) Von meinen vier Großeltern stammen:		
24. aus unserem Heimatort	2	60
25. aus unserem Bundesland (ohne Heimatort)	1	36
26. aus einem Gebiet außerhalb des Bundeslandes.	1	32

2. *Fertige zu den Punkten a, b, c, e, f des Fragebogens Streifenbilder für die gesamte Klasse an (4mm für jeden Schüler; in das entsprechende Kästchen kann man für jede Einzelangabe eines Schülers auch einen Punkt machen). Abb. 15 ist ein Beispiel.*

Abb. 15 Berufsbereiche

Industrie	Land– wirtschaft	Handel u. Verkehr	Verwaltung, Kultur	ohne Beruf

3. Welche Mängel oder Vorzüge hat deine Spielgelegenheit draußen und in der Wohnung? — Welches sind nach den Fragen der Fragebogenaktion die größten Spielplatzprobleme deiner Klassenkameraden? — Wie müßte ein guter Spielplatz für Kleinkinder, für euch, für ältere Schüler beschaffen sein? — **4.** Schreibt an den Bürgermeister oder die Stadtverordneten einen Brief, wenn ihr keine Spielplätze habt! Eine Bürgeraktion der Eltern kann auch helfen! — Manchmal braucht man sich aber nur selbst zu helfen! Überlegt und macht Vorschläge!

Abb. 16   So sollte ein Spielplatz aussehen (Spielplatz im Revierpark Gysenberg in Herne)

Der Einzugsbereich der Klasse sagt dir auch viel über die räumliche Ordnung um dich herum.

5. Zeichne auf einem Ortsplan einen roten Kreis um die Schule und einen roten Punkt auf die Wohnung jedes Schülers. Zeichne auch mit dünnen schwarzen Linien die Schulwege der Kameraden ein. — Aus welchen Stadtteilen kommen die meisten Schüler? Wenn du die äußersten Wohnplätze mit einer blauen Linie umgrenzt, hast du den Einzugsbereich deiner Klasse erfaßt. — **6.** Auf welchen Straßen bündeln sich die meisten Schulwege? — **7.** Zeichne ein Kreuz an die Stellen, die du im Straßenverkehr für besonders gefährlich hältst! Mache die Polizei oder das Straßenverkehrsamt auf diese Gefahrenquellen aufmerksam!

Der Einzugsbereich eines Ortes sagt etwas über seine Bedeutung aus. Man kann das z. B. an der Dichte des Verkehrs ablesen.

5. Zähle auf einem zentralen Parkplatz die Autos und stelle eine Liste über deren Herkunft zusammen (Ort/Kreis, Nachbarkreise, andere Bundesländer, Ausland)! Kommen besonders viele Autos aus bestimmten Nachbargebieten? Was bedeutet das? — 6. Zähle am Ortsausgang an einer Durchgangsstraße die Autos von 14—14.15 Uhr und von 17—17.15 Uhr. Tue dasselbe im Stadtzentrum. Warum ist die Verkehrsdichte so unterschiedlich? — 7. Wieviel Zuganschlüsse sind auf der Abfahrtstafel eures Bahnhofs angegeben? Wohin führen die wichtigsten Strecken? — 8. Stelle die Omnibus- und Straßenbahnlinien zusammen, die in die Umgebung deines Heimatortes führen. Welche sind die wichtigsten? Besorge dir dazu einen Fahrplan der Linien des Nahverkehrs!

Abb. 17   Bevölkerungsdichte in Deutschland

auf dem Land

100 Einwohner/ km²

in der Stadt

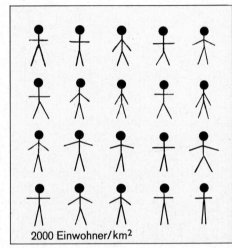

2000 Einwohner/ km²

Bevölkerungsdichte wird die Menge Menschen genannt, die auf einem Quadratkilometer wohnen. Du weißt, daß in der Stadt die Menschen dichter zusammenwohnen als auf dem Land. Wenn man die Menschen gleichmäßig verteilen würde, kämen in der BRD ungefähr 240 Einwohner auf einen Quadratkilometer. Das erlebt man manchmal am Sonntag in einem Park oder Feriengebiet. Im Olympiastadion sitzen die Zuschauer auf den Rängen dicht beisammen, während die Anzahl der Sportler auf dem Spielfeld nur gering ist.

10. Auf einem Sportplatz (¹/₂ ha) spielen 22 Schüler Fußball, der Lehrer ist Schiedsrichter. Welcher Bevölkerungsdichte entspräche das (1 km² = 100 ha)? — 11. Berechne aus Einwohnerzahl (E) und Fläche (F) die Bevölkerungsdichte deiner Heimatgemeinde (E : F)! — 12. Suche auf der Europa- und auch auf der Weltkarte Gebiete mit vielen Großstädten auf! Nenne die bekanntesten Namen!

Gesellschaftliche Gruppe, Berufsgruppe, Altersgruppe; Einzugsbereich, Verkehrsdichte; Bevölkerungsdichte

SCHÄFER · WELTKUNDE   5./6. Schuljahr. Unterrichtsreihe II. Best.-Nr. 21502. Ferdinand Schöningh, Paderborn

1. Wir untersuchen Häuser unserer Nachbarschaft

Täglich gehen wir durch die Stadt, sehen unterschiedliche Häuser und laufen daran vorbei, ohne darüber nachzudenken, wie darin Menschen leben. Wie unsere Wohnung aussieht, wissen wir bereits (s. Fragebogen Seite I 14).

Wie Menschen in anderen Häusern wohnen, das wollten Jungen und Mädchen einer 5. Klasse untersuchen. Sie hatten sich überlegt, dazu Wohnungsinhaber zu befragen. In den abgebildeten Häusern führten sie ihre Befragung durch.

Ein modernes Mehrfamilienhaus mit Eigentumswohnungen wurde von drei Jungen untersucht. Schon die Fenster- und Balkonaufteilung verrät, daß die Wohnungen unterschiedlich groß sind. Die Schüler wählten den viergeschossigen Trakt aus. Sie fanden heraus, daß dort acht Familien wohnen, in jedem Geschoß zwei, meist junge Ehepaare mit kleinen Kindern. Im 2. Stock wohnt Familie Vogt. Frau Vogt hat den Jungen alles erzählt, was sie wissen wollten. Sie hat ihnen sogar die Wohnung gezeigt: Wohnzimmer, Schlafzimmer, Kinderzimmer, Küche, Bad, Gäste-WC, Balkon. Eine Garage gehört mit zur Wohnung. Es ist eine Box in einer Gemeinschaftsgarage. Vom Wohnzimmerfenster aus schaut man über das Nachbarhaus hinweg auf einen kleinen Wald am Stadtrand. Aus dem Küchenfenster blickt Frau Vogt auf den Spielplatz.

Die Eigentumswohnung ist vor einem halben Jahr fertig geworden. Vogts hatten lange gespart, um sich diese Wohnung kaufen zu können. Trotzdem müssen sie noch jeden Monat einen ziemlich hohen Betrag für die Wohnung aufbringen, da ihre Ersparnisse für den Kauf nicht ausreichten. Deshalb haben sie ein Darlehen aufgenommen, das sie zurückzahlen und für das sie Zinsen zahlen müssen. Herr Vogt ist technischer Angestellter in einem Industriebetrieb.

Abb. 1   Modernes Mehrfamilienhaus mit Eigentumswohnungen

In ihrer Neubauwohnung fühlen sich Vogts sehr wohl, vor allem die beiden Kinder, die noch nicht in die Schule gehen. Die Familie hat vorher in der Stadtmitte an einer Kreuzung gewohnt, in einem 10geschossigen Hochhaus. Die Wohnung hatte nur drei Zimmer, und die Miete war kaum geringer als die augenblicklichen Zahlungen. Schlimm war die Belästigung durch den Lärm und die Abgase der Autos. Die Häuser waren dort außerdem so nahe nebeneinandergebaut, daß man den Nachbarn in die Wohnung sehen konnte.

Das ältere Mehrfamilienhaus ist ein Mietshaus. Eine zweite Schülergruppe hat es untersucht. Die Ergebnisse wurden in folgender Übersicht zusammengefaßt:

Alter:	Ende des vorigen Jahrhunderts gebaut, Altbau
Anzahl der Geschosse:	4
Anzahl der Wohnungen:	6, je zwei Wohnungen im 2. und 3. Stockwerk sowie im ausgebauten Dachgeschoß (im Erdgeschoß: Apotheke)
Anzahl der Zimmer je Wohnung:	6
Wohnung 2. Stock:	Familie Gärtner
Anzahl der Personen:	2 Erwachsene und 4 Kinder
Beruf des Vaters:	Facharbeiter
Ausstattung der Wohnung:	große, hohe Räume (viel Platz für Kinder, hohe Heizungskosten), Holzfußboden, hohe Fenster (viel Putzarbeit), ein hübsches Erkerzimmer, Toilette im Treppenhaus, seit einem Jahr Nachtstromspeicherheizung, vorher Ofenheizung (jetzt weniger Arbeit)
Garage:	keine
Lage:	Nähe Stadtmitte, Nachbarhäuser sind angebaut = geschlossene Bauweise
Besitzverhältnisse:	Mietwohnung
Mietkosten:	verhältnismäßig gering

1. *Schau dir die drei Bilder Abb. 1—3 aufmerksam an und beschreibe sie! Überlege, warum wohl gerade diese Häuser von der Klasse ausgesucht wurden! — **2.** Erarbeite aus dem Bericht der 1. Gruppe eine ähnliche Tabelle über die neue und über die alte Wohnung der Familie Vogt! — Nenne Vor- und Nachteile der drei Wohnungen!*

Abb. 2 Altbau. Mehrfamilienhaus mit Mietwohnungen; geschlossene Bauweise

Abb. 3 Einfamilienhaus in einem Gebiet mit offener Bauweise

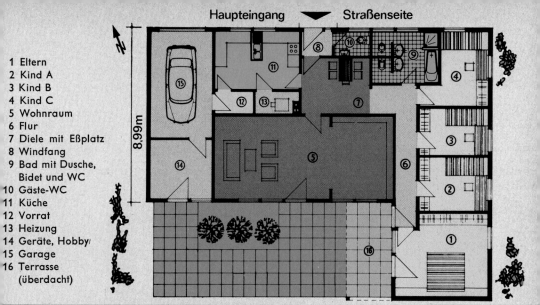

Abb. 4 Grundriß eines Einfamilienhauses. — Berechne den Maßstab! — Berechne die bebaute Fläche! — Vergleiche mit Abb. 3 und bestimme die Aufnahmerichtung!

1 Eltern
2 Kind A
3 Kind B
4 Kind C
5 Wohnraum
6 Flur
7 Diele mit Eßplatz
8 Windfang
9 Bad mit Dusche, Bidet und WC
10 Gäste-WC
11 Küche
12 Vorrat
13 Heizung
14 Geräte, Hobby
15 Garage
16 Terrasse (überdacht)

Das eingeschossige Einfamilienhaus hat eine 3. Schülergruppe besucht. Sie bringt sogar einen Grundriß mit. Das Haus gehört einem Architekten, der sich mit den Jungen und Mädchen lange über sein Eigenheim unterhalten hat. Er sprach mit ihnen auch über die Anforderungen, die man an eine gute Wohnung stellt.

3. Versuche, aus dem Grundriß Abb. 4 eine Tabelle wie oben zu erstellen! — Nenne Vorzüge dieses Hauses! — 4. Welche Anforderungen würdest du an eine gute Wohnung stellen? — Stelle sie in einer Liste zusammen! Vergleiche dazu die Vor- und Nachteile der untersuchten Wohnungen! Denke an die Dichte der Bebauung, an Sichtschutz, an Schutz vor Lärm (aus der Nachbarwohnung, von der Straße, von einem Industriewerk), an Schutz vor schmutziger Luft, an Grünanlagen, Spielgelegenheit für Kinder, an die ausreichende Größe der Wohnung, an deren Komfort (Heizung, Bad, Gäste-WC, Balkon, Garage usw.), an die Miete!

Der Standort, die Lage, kann für die Auswahl einer Wohnung wichtig sein. Nicht immer sind Ausstattung und Größe entscheidend. Die Klasse kann sich nicht einigen, ob die ideale Wohnung am Stadtrand oder in der Stadtmitte liegen sollte. — Wie würdest du dich entscheiden? — Überlege: Was spricht für die Lage in der Stadtmitte? Was spricht für die Lage am Stadtrand? Bedenke dabei: In der Nähe einer Wohnung sollten sich Grünanlagen, ein Kinderspielplatz und ein Lebensmittelgeschäft befinden, außerdem eine Bus- oder Straßenbahnhaltestelle, damit der Arbeitsplatz, die Schule oder größere Geschäfte sowie Krankenhaus, Badeanstalt, Theater usw. schnell erreicht werden können.

Wohnungsansprüche sind unterschiedlich. Sie richten sich nach Familiengröße, Alter, Berufstätigkeit, Einkommen und Geschmack.

5. Überlege, welche Ansprüche z. B. alte Menschen an Lage und Ausstattung einer Wohnung stellen! Benutze dazu die Tabelle Seite 2!

Mehrfamilienhaus, Einfamilienhaus, Eigentumswohnung, Mietwohnung, Eigenheim, Standort, Altbau, Neubau

Abb. 5 Unterschiedliche Wohnviertel in Mainz

2. Wir untersuchen Stadtviertel

1. *Du hast im letzten Kapitel gehört, daß Menschen unterschiedlich wohnen. Schau die Abb. 5 genau an! Du kannst auf dem Bild drei Hausformen unterscheiden, die du bereits im vorausgehenden Kapitel kennengelernt hast. Benenne sie! Untersuche ihre Verteilung!*

Du stellst innerhalb der Wohnstadt eine bestimmte Gruppierung der Häuser fest, d. h. du kannst mehrere Viertel unterscheiden, in denen die Häuser gleich oder sehr ähnlich sind: Viertel mit Einfamilienhäusern, Viertel mit Mehrfamilienhäusern, Viertel mit Hochhäusern. In fast allen größeren Städten gibt es solche Viertel.

2. *Nenne solche Viertel aus deiner Heimat oder einer größeren Nachbarstadt! Unterscheide Eigenheimviertel, Wohnviertel mit mehrgeschossiger, geschlossener Bauweise und Wohnviertel mit mehrgeschossiger, offener Bauweise, Neubau- und Altbauviertel! —*
3. *Was für Viertel erkennst du außer den Wohnvierteln in Abb. 6?*

Menschen wohnen nicht nur in der Stadt, sie arbeiten dort auch. Darum gibt es in größeren Städten Wohnviertel und solche, in denen die Menschen arbeiten, z. B. Industrieviertel. Jedes Viertel übernimmt so eine besondere Aufgabe oder „Funktion". Wohn- und Industrieviertel sollten getrennt liegen.

4. *Nenne Gründe, die für eine Trennung von Wohn- und Industrievierteln sprechen! Denke dabei an die Anforderungen, die an eine gute Wohnung und ihre Lage (s. S. 3) zu stellen sind!*

II 4

Neben diesen beiden Vierteln mit einer besonderen Funktion kennst du noch ein drittes, das Einkaufsviertel (s. Kap. 3!). In kleinen Orten gibt es kaum Viertel, die nur eine Aufgabe erfüllen. In einem Wohnhaus kann unten ein Geschäft sein, s. Abb. 2. Selbst kleine Industriebetriebe finden sich zwischen Wohnhäusern. In den Großstädten liegen Wohnviertel häufig weit entfernt von den Industrievierteln. Die Menschen müssen jeden Tag große Entfernungen zwischen Wohnung und Arbeitsstätte überwinden. Gute Verkehrsverbindungen helfen, den Zeitaufwand hierfür gering zu halten.

5. *Kennst du in deinem Heimatort Viertel mit einer besonderen Aufgabe (Funktion)? Wo liegen sie? —* **6.** *Gibt es in deinem Heimatort auch gemischte Viertel? — Untersuche einen kleinen Straßenabschnitt und stelle die Anzahl der Wohnungen, Geschäfte und Betriebe fest! —* **7.** *In was für einem Viertel wohnst du?*

Stadtviertel: Wohnviertel, Industrieviertel, Einkaufsviertel, Eigenheimviertel, Altbauviertel, Neubauviertel, Mischviertel

Abb. 6   Stadtviertel in Bielefeld-Sennestadt   II 5

3. Wir fahren in die Stadt

Heute ist verkaufsoffener Samstag. Peter fährt mit seinen Eltern und seiner kleinen Schwester Sabine zum Einkaufen in die nahe Kreisstadt. Sie wohnen in einem Dorf, das 12 km entfernt liegt. Jetzt fahren sie bereits durch die Außenbezirke der Stadt. Die Kinder sehen Einfamilienhäuser mit Gärten. Peter zeigt seiner Schwester das Kreiskrankenhaus. Er kennt sich hier aus, denn er besucht seit einem halben Jahr die 5. Klasse der Realschule und fährt jeden Tag in die Stadt. Sabine besucht noch im Dorf die Grundschule. Als sie sich der Innenstadt nähern, erblicken sie keine Gärten mehr. An den Straßen stehen dreigeschossige Häuser in geschlossener Bebauung. Die Bevölkerungsdichte wird größer. Peter macht Sabine auf die Gebäude der Kreisverwaltung aufmerksam. Dort wird der Landkreis verwaltet, zu dem etliche Dörfer und kleine Städte gehören. Der Vater hatte hier zu tun, als er die Baugenehmigung für die neue Garage brauchte.

Der Verkehr wird immer dichter. Sie müssen langsam fahren. Vor den Ampeln stauen sich die Wagen. Heute wollen viele Menschen ins Geschäftszentrum der Stadt. Der Vater findet denn auch keinen Parkplatz. Er fährt ein paar Mal durch die Straßen, aber alle Plätze sind besetzt. Peter und Sabine sehen nur Geschäftshäuser. In den Schaufenstern werden die unterschiedlichsten Waren angeboten. Da war gerade ein Schirmgeschäft, daneben ein Radiogeschäft. Der Vater fährt jetzt ins Parkhaus, wo er den Wagen endlich abstellen kann. Die Autokennzeichen verraten Peter, daß auch Familien von weither in die Stadt gekommen sind.

Die Eltern gehen mit den Kindern zuerst in ein Schuhgeschäft, um für Sabine neue Schuhe zu kaufen. Kinderschuhe gibt es gleich im Erdgeschoß, so daß der Aufzug zum Bedauern der Geschwister gar nicht benutzt wird. In einer Buchhandlung besorgt sich Peter ein englisches Lexikon. Er braucht auch eine Brille. Die erhält er in einem Spezialgeschäft, in dem außer Brillen auch Ferngläser angeboten werden. Als die Familie an einem Fischgeschäft vorbeikommt, kauft die Mutter ein Stück Räucheraal, den der Vater so gern ißt. In einem Textilkaufhaus wird Tisch- und Bettwäsche zu günstigen Preisen angeboten. Die Mutter hat davon in der Zeitung gelesen. Sie kauft zwei Kopfkissenbezüge und ein Tischtuch. Während der Vater bezahlt, geht die Mutter in die Abteilung für Damenbekleidung, um nach einem hübschen Kleid in ihrer Größe zu suchen. Dazu muß sie mehrere Ständer, die mit Kleidern dicht behängt sind, durchsehen. Aber sie findet nichts, was ihr gefällt. Die Kinder sind schon ungeduldig geworden. Sie möchten nämlich noch in die Spielzeugabteilung des Warenhauses. Als sie dorthin gehen, brauchen sie beim Überqueren der Straße nicht auf den Verkehr zu achten. Die Ladenstraße ist Fußgängerzone, d. h. für Autos gesperrt. Im Warenhaus werden in vielen Etagen die unterschiedlichsten Waren angeboten. Im Erfrischungsraum trinken die Eltern eine Tasse Kaffee, die Kinder bekommen ein Eis. Auf der Rolltreppe fahren alle wieder nach unten.

1. Welche Einrichtungen, die im Dorf nicht vorhanden sind, hat Sabine in der Kreisstadt gesehen? — 2. Nenne Gründe, warum die Bewohner eines Dorfes in die Kreisstadt fahren! — 3. Welche Waren werden von Peters Familie in der Kreisstadt gekauft? — 4. Erkläre den Unterschied zwischen Spezialgeschäft und Warenhaus!

Die meisten Waren, die im Geschäftszentrum einer Stadt angeboten werden, kauft man nicht jeden Tag. Man benötigt sie in bestimmten Abständen — periodisch. Diese Waren dienen also — so sagt man — dem „periodischen Bedarf".

Abb. 7 Einkaufsstraße einer Kreisstadt

5. Begründe, warum Peters und Sabines Eltern nur etwa einmal im Monat in der Kreisstadt einkaufen! — **6.** Schätze die Zeit, die du für den Weg von eurer Wohnung bis zum Geschäftszentrum der Stadt benötigst! — **7.** Überlege, ob Peters Eltern besser mit einem öffentlichen Verkehrsmittel als mit dem eigenen Wagen in die Stadt gefahren wären! — **8.** Nenne Vorteile des verkaufsoffenen Samstags!

Peters und Sabines Mutter kauft fast jeden Tag im Dorf ein. Sie hat einen Weg von wenigen Minuten bis zu einem kleinen Geschäftsviertel, das im Zentrum liegt. Dort gibt es ein Lebensmittelgeschäft, ein kleines Textil- und Schuhgeschäft, ein Schreib- und Haushaltswarengeschäft, ein Elektro- und Tapetengeschäft sowie eine Apotheke, einen Friseur und zwei Sparkassenzweigstellen. Hier wohnen auch der praktische Arzt und der Zahnarzt. Nebenan sind gleich das Postamt, die Gemeindeverwaltung und die Polizeistation. Die Mutter und die anderen Leute aus dem Dorf und von den Höfen der Umgebung kommen hierher, wenn sie Dinge benötigen, die man häufiger braucht. In den Geschäften eines solchen kleinen Zentrums versorgen sich die Menschen meistens mit Waren, die sie täglich oder fast täglich brauchen. Solche Zentren für den täglichen Bedarf, man nennt sie Unterzentren, gibt es auch in größeren Städten.

8. Wie weit mußt du gehen, bis du zu einem solchen Unterzentrum kommst? — **9.** Welche Geschäfte findest du dort? Welche Waren kannst du dort für deine Mutter einkaufen?

Geschäftszentrum, Spezialgeschäft, Warenhaus, Kaufhaus, täglicher Bedarf, periodischer Bedarf, Unterzentrum

Abb. 8   Münster. Prinzipalmarkt und Dom (vgl. Abb. 9)

4. Im Geschäftszentrum einer Großstadt

Der Prinzipalmarkt ist die wichtigste Geschäfts- und Einkaufsstraße Münsters. Er umschließt halbkreisförmig den Domplatz mit dem Dom, den ältesten Teil der Innenstadt. Ursprünglich war der Prinzipalmarkt ein Straßenmarkt, eine breitere Straße, auf der die Waren im Freien angeboten wurden. Heute findet der Kunde hier in den Kaufhäusern und Spezialgeschäften ein vielseitiges Angebot hochwertiger Waren: elegante Kleidung, kostbaren Schmuck, wertvolle Pelze, seltene Teppiche, auserlesene Antiquitäten und Kunstgegenstände. Das sind Waren, die man nur selten kauft, Waren des episodischen Bedarfs.

Die größeren Geschäfte erstrecken sich über mehrere Häuser und Etagen hinweg. In einem einzigen Schuhgeschäft stapeln sich Tausende von Schuhen. Auch Lederwaren-, Schirm-, Kindermoden-, Radio-, Fotogeschäfte bieten ihre Waren in mehreren Stockwerken an. In den Buchhandlungen finden nicht nur die Schüler der zahlreichen Schulen, sondern auch die Professoren und Studenten der Universität die Bücher, die sie benötigen. Vom Prinzipalmarkt hat sich das großstädtische Geschäftsviertel mit Warenhäusern und Ladenstraßen über die alte Stadtumwallung hinaus bis zum Bahnhof ausgedehnt. Das Stadtzentrum ist zur City geworden.

In der City gibt es kaum noch Wohnungen. Die Mieten würden wegen der hohen Grundstückspreise zu teuer sein. Reichen die Verkaufsräume nicht bis unter das Dach, so liegen in den oberen Stockwerken der Geschäftshäuser Büros, Anwalts- und Arztpraxen. Aber nicht nur Geschäftshäuser stehen im Stadtzentrum, sondern auch Gebäude öffentlicher und kirchlicher Behörden, deren Verwaltungsbereich weit über die Grenzen des Landkreises Münster hinausgeht. Am Abend ist die City, in der tagsüber ein dichtes Gedränge herrscht, fast ausgestorben. Die Menschen, die hier am Tage arbeiten, wohnen in den Stadtvierteln, die sich nach außen hin um die Altstadt lagern. Einige können ihre Wohnung zu Fuß erreichen, die meisten fahren mit dem Bus oder dem eigenen Wagen bis in die Wohnviertel am Stadtrand.

Abb. 9   Münster. Stadtkern aus 2300 m Höhe

Die City von Münster ist zum reinen Einkaufs- und Verwaltungszentrum für die Stadt und ihr Umland geworden. Selbst aus den übrigen Kreisen des Münsterlandes kommen Käufer und versorgen sich hier mit Waren des episodischen Bedarfs. Eine Einkaufsstadt mit einer so großen Bedeutung wird Oberzentrum genannt. Für den täglichen Bedarf kaufen die Bewohner des Münsterlandes in kleinen dörflichen Unterzentren ein. Für den periodischen Bedarf fahren sie in kleine Städte. Solche Zentren bezeichnet man als Mittelzentren.

Die Verkehrsprobleme dieser Stadt sind besonders groß. Einen Grund dafür kannst du selbst finden. Denke an den großen Einzugsbereich Münsters! Außerdem sind die Straßen der mittelalterlichen Innenstadt viel zu eng für die modernen Verkehrsmittel und die Anlage von Parkstreifen.

1. Suche auf dem Atlas Münster und die Münstersche Bucht sowie die Höhenzüge, die sie begrenzen! — 2. Nenne nach dem Atlas die wichtigsten Verkehrsverbindungen! Zeichne die Verkehrsspinne Münsters! — 3. Begründe, warum die Menschen aus den Dörfern und kleinen Städten des Umlandes zum Einkaufen nach Münster fahren! — 4. Lies den Text noch einmal aufmerksam durch und nenne Unterschiede zwischen einem Oberzentrum, einem Mittelzentrum und einem Unterzentrum!

Großstadt, Stadtkern, City, Oberzentrum, episodischer Bedarf, Mittelzentrum

5. Messestadt Leipzig

Leipzig ist nach Berlin die größte Stadt der DDR. Sie hat als Messestadt Weltruf. Über 100 000 Menschen reisen jedes Jahr im Frühjahr und im Herbst nach Leipzig zur Messe. Industriebetriebe aus allen Ländern der Erde zeigen dann ihre neuesten Erzeugnisse. 1971 waren es 6500 aus 55 Ländern.

1. Suche Leipzig und die Leipziger Bucht auf dem Atlas! Welche Höhenzüge umgeben die Leipziger Bucht? — 2. Vergleiche die Lage Münsters mit der Leipzigs! — 3. Zeichne nach dem Atlas die wichtigsten Verkehrsverbindungen der Stadt! — 4. Nenne nach Abb. 10 die Städte, die a) weiter und b) näher zu Leipzig liegen als Köln (Luftlinie)!

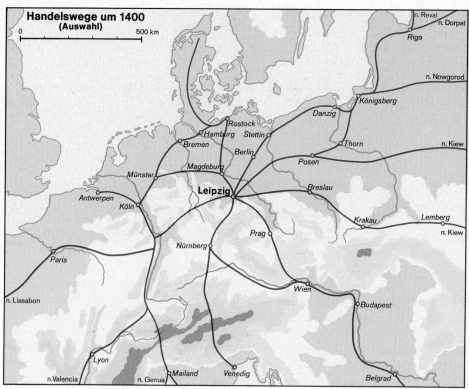

Abb. 10   Leipzig als Verkehrsknotenpunkt

Warenmessen begründeten die Entwicklung zur Messestadt. Wie Münster ist Leipzig der Mittelpunkt einer Tieflandsbucht. Schon im Mittelalter kreuzten sich hier wichtige Fernhandelsstraßen, über die die Kaufleute mit ihren Pferdefuhrwerken zogen. In Leipzig fanden sie Unterkunft, Verpflegung für sich und die Pferde sowie Reparaturwerkstätten für ihre Fuhrwerke. Auf dem Markt boten sie ihre Waren an. Diese wurden nicht nur an Bewohner der Stadt und des Umlandes verkauft, sondern auch an andere Kaufleute. Wegen der bedeutenden Verkehrsgunst trafen sich hier Fernhandelskaufleute aus allen Teilen Europas. So entwickelte sich ein besonderer Markt unter den Händlern, die Messen. Es waren Warenmessen, auf denen die Waren dem Käufer sofort ausgehändigt wurden.

Mustermessen haben heute die alten Warenmessen abgelöst. Firmen des In- und Auslandes zeigen Muster ihrer neuesten Erzeugnisse. Der Einkäufer gibt nach diesen Mustern seine Bestellung auf. Zu dem vereinbarten Zeitpunkt liefert die Firma dann die gewünschte Ware. Der Einkäufer ist oft ein Großhändler. Dieser gebraucht die bestellten Waren nicht selbst, sondern verkauft sie an seine Kunden weiter. Heute besuchen nicht nur Ein- und Verkäufer eine Messe, sondern auch Techniker und Wissenschaftler, die sich über den neuesten Stand in ihrem Fachbereich informieren wollen. Leipzig ist so zum „Schaufenster der Welt" geworden.

Auf der Leipziger Messe zeigt heute vor allem die DDR ihre Industrieerzeugnisse. Aber auch westliche Industrieländer und vor allem Staaten des Ostblocks stellen hier ihre Waren aus. 1971 kamen von den 6500 Ausstellern 4900 aus Ostblockstaaten, davon 3000 allein aus der DDR. 1600 kamen aus westlichen Ländern, darunter 725 aus der Bundesrepublik Deutschland. So hat die Leipziger Messe heute eine besondere Bedeutung gewonnen als Kontaktstelle zwischen den Staaten des Ostens und des Westens.

Abb. 11 Leipzig im Messeschmuck (Hainstraße)

5. Warum ist die Bezeichnung „Schaufenster der Welt" berechtigt? Beachte Abb. 11! — 6. Nenne Unterschiede zwischen einer Waren- und einer Mustermesse! Beachte die Namen! — 7. Versuche zu erklären, warum die Messen heute keine Warenmessen mehr sein können! — 8. Auch in der Bundesrepublik Deutschland gibt es Messestädte. Nenne einige, und suche sie auf der Karte im Atlas! Die Messen haben sich meist spezialisiert. Nenne Beispiele!

Messestadt, Warenmesse, Mustermesse, Großhandel, Fernhandel

Abb. 12 Für das Ausstellen der Warenmuster stehen in Leipzig riesige Hallen und weite Flächen an Freigelände zur Verfügung, wo große Maschinen Platz finden

6. Menschen brauchen Erholung

1. *Was tut ihr in eurer Freizeit? — Womit beschäftigen sich die Schüler eurer Klasse in ihrer Freizeit? Stellt darüber eine Liste zusammen! —* **2.** *Nennt Freizeitbeschäftigungen Jugendlicher, Erwachsener und älterer Menschen!*

Freizeitbeschäftigungen sind unterschiedlich. Alle Schüler sind sich darüber einig: Spielen ist schöner als Lernen, Freizeit angenehmer als Arbeit. Alle wissen aber auch, Arbeit ist notwendig: Schularbeit für Kinder und Jugendliche, Berufsarbeit für Erwachsene. Doch auch Freizeit ist notwendig. Warum eigentlich? In der Freizeit erholen sich die Menschen von der Arbeit. In der Freizeit kann man sich auch mit dem beschäftigen, was man gern tut. Man kann seinem Hobby nachgehen, was in Schule und Beruf nicht immer möglich ist.

3. *In einer Stadt wohnen Berufstätige, Hausfrauen, Rentner, Schüler, Studenten, Kleinkinder. Wer von ihnen arbeitet, wer nicht? Brauchen alle Erholung? — Denke bei der Beantwortung daran, daß es in einer Stadt Lebensbedingungen gibt, die auf die Menschen störend einwirken und von denen sie sich erholen müssen. Nenne solche Bedingungen!*

Alle Menschen brauchen frische Luft, Ruhe, Bewegung, Unterhaltung, Abwechslung. Wie können sie die notwendige Erholung finden?

Während der täglichen Freizeit kann man sich zum Teil schon in der Wohnung erholen. Der Vater erholt sich, indem er am Abend in Ruhe seine Zeitung liest. Die Mutter sonnt sich in der Mittagspause auf dem Balkon. Der größere Bruder hört Platten; die kleine Schwester spielt mit ihren Puppen; du liest vielleicht gern spannende Bücher.

Nicht alle Bedürfnisse nach Erholung können in der Wohnung befriedigt werden. Deshalb müssen innerhalb einer Stadt Erholungsstätten und Erholungsgebiete geschaffen werden. Solche Gebiete heißen innerstädtische Erholungsräume.

4. *Nenne Erholungsmöglichkeiten innerhalb einer Wohnung! — Welche Voraussetzungen muß dafür die Wohnung bieten? —* **5.** *Ordne die folgenden Erholungsstätten den verschiedenen Gruppen von Erholungsuchenden zu: Kinderspielplatz mit Rutschbahn, Schaukel, Turnstange, Karussell; Sandkasten; Sportplatz; Schwimmbad; Turnhalle; Abenteuerspielplatz; Grünanlage; Park; Ruhebank; Kino; Café; Diskothek; Restaurant; Teich mit Enten, Schwänen, Fischen, Bootsverleih; Schrebergarten; Reitbahn; Rollschuhbahn; Schlittschuhbahn; Tennisplatz! —* **6.** *Für welche Erholungsformen muß der Erholungsuchende Geld bezahlen? — Nenne die, die kostenfrei sind! — Welche Erholungswünsche sind besonders teuer? —* **7.** *Welche Spiel- und Sportmöglichkeiten sind für deine Freizeit in eurer Stadt vorhanden? —* **8.** *Wie lange mußt du gehen, bis du zu einem Spielplatz kommst, der für dich geeignet ist (s. auch I 6, Aufgaben 3 und 4)? —* **9.** *Welche Erholungsstätten bietet eure Stadt für deine Eltern, welche für deine jüngeren, welche für deine älteren Geschwister, welche für deine Großeltern?*

An Wochenenden und freien Tagen verlassen viele Städter das „Häusermeer". Sie wollen sich im Grünen, in frischer Luft und fern vom Lärm der Großstadt erholen. Dazu fahren sie in die Erholungsgebiete in der Nähe. Solche „Naherholungsräume" suchen die Stadtbewohner vor allem dann auf, wenn die innerstädtischen Erholungsräume nicht ausreichen.

Am Freitagabend und Samstagmorgen sind oft die Straßen, die aus der Stadt in die Erholungsgebiete führen, verstopft, am Sonntagabend bilden sich in umgekehrter Richtung lange Autoschlangen. Ein gut ausgebautes Straßennetz für den Erholungsverkehr bringt viele Vorteile: Die Erholungsuchenden verteilen sich auf einen größeren Raum, die Fahrzeiten werden kürzer, der Erholungsgewinn ist größer.

Abb. 13   Revierpark Nienhausen in Gelsenkirchen

10. *Welche Erholungsmöglichkeiten bietet der oben abgebildete Erholungsraum? —* 11. *Welche Gruppen von Erholungsuchenden kommen hierher? Welche Zonen werden von den einzelnen Gruppen bevorzugt aufgesucht? —* 12. *Mit welchen Verkehrsmitteln ist dieses Erholungsgebiet zu erreichen? —* 13. *Kennst du einen Naherholungsraum in der Nähe deiner Heimatstadt? Zeichne ihn, oder schreibe die Erholungsmöglichkeiten, die er bietet, auf! —* 14. *Wieviel km legt ihr bei euren Wochenendfahrten gewöhnlich zurück?*

Die Naherholungsräume liegen nicht immer in unmittelbarer Nähe einer Stadt. Mit der Zunahme der Kraftfahrzeuge und ihrer Geschwindigkeit dehnt sich der Naherholungsraum für Tages- und Wochenendfahrten immer weiter aus. Viele Menschen entfernen sich an Wochenenden bis zu 150 km von ihrer Stadt.
Während der Urlaubs- und Ferienzeiten reisen Erwachsene, Jugendliche und Kinder häufig mehr als 1000 km weit, um sich in besonders reizvollen Gebieten zu erholen.

15. *Nenne Erholungsgebiete, die 1000 km oder mehr von deinem Heimatort entfernt sind!*

Freizeiterholung, innerstädtischer Erholungsraum, Wochenenderholung, Naherholungsraum, Erholungsverkehr

7. Wolfsburg, eine geplante Stadt

1. Was verbindest du mit dem Namen Wolfsburg? — 2. Suche die Stadt auf dem Atlas und nenne ihre wichtigsten Verkehrsverbindungen!

Wolfsburg verdankt seine Entstehung der Gründung des Volkswagenwerkes. Mit dem Aufbau wurde im Jahre 1938 begonnen. Die Stadt liegt in einem Raum, der bis dahin fast ohne Industrie war, aber günstige Verkehrsverbindungen besaß. Der Bau eines solch großen Werkes bedeutete, daß viele Menschen hier Arbeit finden würden. Man rechnete mit dem Zustrom von 130000 Personen. Die Planung einer neuen Großstadt war notwendig. Wichtige Gesichtspunkte hatten die Stadtplaner beim Aufbau Wolfsburgs zu beachten. Manche davon hast du schon kennengelernt. Geplant war eine Trennung von Industrie und Wohnstadt, von Arbeit und Wohnen.

3. Suche auf dem Stadtplan Abb. 15 den Kanal! Unterscheide Industrie- und Wohnviertel! — 4. Gliedere die Wohnstadt in Viertel! Die Verteilung der Schulen kann dir dabei helfen. (Jedes Viertel hat eine Schule). — 5. Wie sind die Wohnviertel an den Verkehr angeschlossen? Die Stadtplaner waren bemüht, die Belästigung und die Gefährdung der Menschen durch den Verkehr zu vermeiden. — 6. Wo liegt das Stadtzentrum? Wodurch zeichnet es sich aus? — 7. Zeige auf, wie man sich in Wolfsburg in der täglichen Freizeit oder am Wochenende erholen kann! — Wie lange mußt du gehen, bis du im Wald, auf einem Spiel- oder Sportplatz bist? — 8. Suche Verwaltungseinrichtungen (z. B. Rathaus, Gericht, Post) und soziale Einrichtungen (z. B. Krankenhäuser)! Wo liegen sie?

Abb. 14   Das Volkswagenwerk in Wolfsburg   Abb. 15   Stadtplan von Wolfsburg ▷

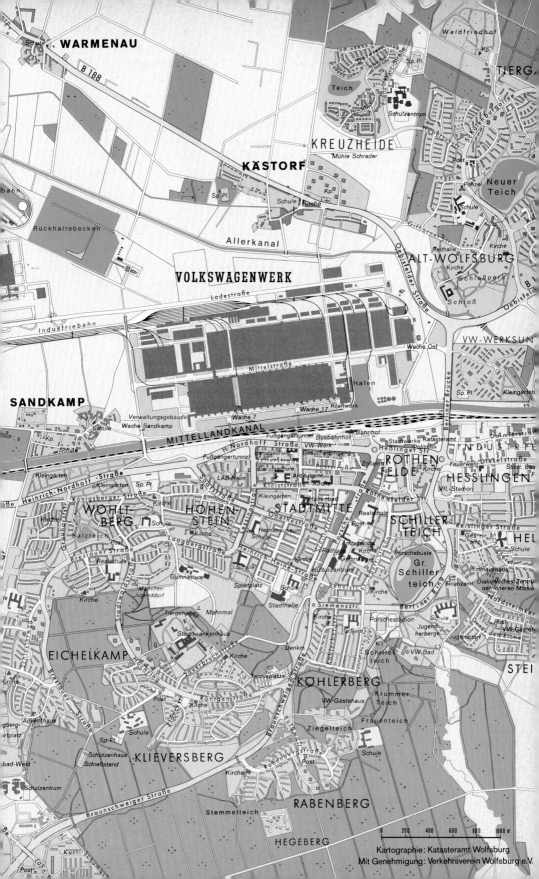

WARMENAU

B 188

KREUZHEIDE

Teich

TIERG.

Schule

KÄSTORF

Mühle Schrader

Frank-Marc-Straße

Sp. Pl.

Schülzentrum

Schießbergstraße

Hubertusstr.

Schillerberg/allee

Post

Neuer
Teich

Panzer

Kp.

Sp. Pl.

Kp.

Schule

Kirche

Allerkanal

Rückhaltebecken

Oebisfelder Straße

Giffhorner Str.

Reithalle
Kirche
Kirche

ALT-WOLFSBURG

Schloßpark
Schloß

Schule

VOLKSWAGENWERK

Ladestraße

Industriebahn

Mittelstraße

Hafen

Wache Ost

Oebisfeld

VW-WERKSUN

Sp. Pl.

Kleingärten

Berliner Brücke

SANDKAMP

Verwaltungsgebäude
Wache Sandkamp

Wache 7

Wache 17

Kraftwerk

Kp.
Schule

MITTELLANDKANAL

Heinrich-Nordhoff-Straße

Kleingärten

Kleingärten

Sp. Pl.

Fußgängertunnel

Fußgängertunnel

H.-Nordhoff-Straße

Berufsschule

Berufsschule

LAB-Heim

Kleiststraße

VW-Werk

Besucheringang

Arbeitsamt

Kirche

Busbahnhof

Roß

Bahnhof

Hesslinger Str.

Zollamt

Stadtwerke
Polizei

Katasteramt

Dresslerstraße

INDUSTRIE

HESSLINGEN

Feuerwehr

Städt. Bau

WfL-Stadion

Dümittestr.

Königsberger Straße

Kirche

Saarstraße

Kleingarten

Hallenbad

ROTHEN
FELDE

Kirche

Rothenfelder Str.

Reislinger Straße

Schule

HEL

WOHLT
BERG

Salzteich

Schule

HOHEN
STEIN

Laaggbergstraße

Goethestraße
Schule

STADTMITTE
Goethestraße

Heinrich-Heine-Straße

Realschule

Post

SCHILLER
TEICH

Ges.
ant

Post
Breslauer Straße

Realschule

Gymnasium

Kirche

Heimatmuseum
Schule

Amtsgericht
Rathaus

Kirche

Gymnasium

Porschebüste

Gr.
Schiller
teich

Emmausheis
Diakonisches Zentrum
der Inneren Missio

Nordsteimker

Kirche

Kulturzentrum

Finanzamt

Kirche

Schule

Mädchen-
Jugenddorf

Tiergehege

Mahnmal

Sportplatz

Bebelstr.

Stadthalle

Kirche

Siemensstr.

Kirche

Porschestadion

Jugend
herberge

Berliner Ring

Schule

Post

VW-Gästeh
den Eichen

Jugenddorf

EICHELKAMP

Stadtkrankenhaus

Kirche

Denkm.

KI.
Schiller-
teich

VW-Bad

STEI

Hochring

Röntgenstraße

Post

Kirche

KÖHLERBERG

VW-Gastehaus

Krummer
Teich

Frauenteich

Braunschweiger Straße

Sauerbruchstraße

Tennisplätze

Ziegelteich

Adventhaus
sportplatz

Post

Schule

Schützenhaus
Schießstand

KLIEVERSBERG

Rabenbergstraße

Post

Kirche

bad-West

Schulzentrum

Braunschweiger Straße

Stemmelteich

RABENBERG

Schule

HEGEBERG

Kp.
Post

Kartographie: Katasteramt Wolfsburg
Mit Genehmigung: Verkehrsverein Wolfsburg e.V.

0   200 400 600 800 1000 m

Wie du gesehen hast, haben die Stadtplaner von Wolfsburg die wichtigsten Lebensbedürfnisse der Menschen beim Aufbau der Stadt berücksichtigt.

Daseinsgrundfunktionen nennen die Wissenschaftler diese Lebensbedürfnisse:

● *Menschen arbeiten.* — Sie brauchen einen Arbeitsplatz, um Geld zu verdienen. Erst dann können sie zum Beispiel in den Geschäften einkaufen und sich mit Waren versorgen, die sie benötigen. Der Arbeitsplatz war die Voraussetzung für die Gründung Wolfsburgs.

● *Menschen wohnen.* — Die Stadtplaner von Wolfsburg mußten für die Beschäftigten des Volkswagenwerkes Wohnungen bauen.

● *Menschen versorgen sich.* — Die Stadtmitte zwischen Schillerteich und Bahnhof wurde als Einkaufszentrum vorgesehen.

● *Menschen erholen sich.* — Sie brauchen innerstädtische Erholungsgebiete mit Spiel- und Sportanlagen und Naherholungsräume mit größeren Grün- und Wasserflächen.

● *Menschen nehmen am Verkehr teil.* — Sie fahren zum Einkaufen in die Stadt, von der Wohnung zum Arbeitsplatz. Auch an die Fußgänger mußten die Stadtplaner denken sowie an den Abtransport der Volkswagen.

● *Menschen bilden sich.* — Junge Menschen gehen in Schulen. Sie lernen für ihren späteren Beruf. Erwachsene besuchen Vorträge, Ausstellungen, Theater- und Konzertaufführungen, sie leihen Bücher aus, um sich weiterzubilden.

● *Menschen leben in Gemeinschaft.* — Leben viele Menschen zusammen, sind Verwaltungseinrichtungen erforderlich, damit das Leben in der Gemeinschaft geordnet verläuft. Die Verwaltungsbehörde arbeitet im Rathaus. Andere Behörden und Einrichtungen kommen hinzu: Polizei, Finanzamt, Gesundheitsamt, Post, Krankenhäuser, Altersheime, Kindergärten.

Diese sieben Gesichtspunkte mußten die Stadtplaner beim Aufbau Wolfsburgs beachten. Es sind die wichtigsten Aufgabenbereiche, die eine Stadt erfüllen muß. Die Wissenschaftler bezeichnen sie als die sieben „Daseinsgrundfunktionen".

9. *Welche Industriebetriebe gibt es in deiner Heimatstadt?* — **10.** *Wie liegen in deinem Heimatort die Industriebetriebe zu den Wohnvierteln?* — **11.** *In welchem Unterzentrum kaufen deine Eltern Waren für den täglichen Bedarf ein, in welchem Mittelzentrum für den periodischen Bedarf, in welchem Oberzentrum für den episodischen Bedarf?* — **12.** *Welche Einrichtungen für die innerstädtische Erholung gibt es in deinem Wohnort? Wohin fahrt ihr am Wochenende?* — **13.** *Mit welchen öffentlichen Verkehrsmitteln ist eure Schule zu erreichen, mit welchen das Geschäftsviertel deiner Heimatstadt?* — **14.** *Welche Schulen und Bildungseinrichtungen gibt es in deinem Wohnort?* — **15.** *Welche Verwaltungseinrichtungen gibt es in deiner Heimatstadt, welche sozialen Einrichtungen?*

Daseinsgrundfunktionen (arbeiten, wohnen, sich versorgen, sich erholen, am Verkehr teilnehmen, sich bilden, in Gemeinschaft leben), Stadtplanung

Wir fahren an die See

SCHÄFER · WELTKUNDE 5./6. Schuljahr. Unterrichtsreihe III. Best.-Nr. 21503. Ferdinand Schöningh, Paderborn

1. Wir planen eine Ferienreise

1. Wie oft im Jahr bekommst du Ferien? In welchen Jahreszeiten liegen sie? — **2**. In welcher Jahreszeit möchtest du deinen Urlaub verbringen? — Warum? — **3**. Welches Urlaubsziel hast du in diesem Jahr? Gib Gründe für deine Wahl an!

Heinz und Susanne wohnen in Essen im Industriegebiet an der Ruhr. An einem Sonntagnachmittag sprechen sie mit ihren Eltern über Ferienpläne.

Vater möchte gern in den Harz oder in die Lüneburger Heide. Da er während seiner Arbeitszeit Tag für Tag im Büro sitzt, könnte er sich dort beim Wandern Bewegung verschaffen. Außerdem muß er während seiner Dienstzeiten anstrengende Gespräche mit fremden Leuten führen. Darum sucht er einen ruhigen Ort, an dem er nicht mit so vielen Menschen zusammentrifft.

Mutter ist stark im Haushalt eingespannt. Sie wünscht sich aus dem täglichen Einerlei und der Enge der Wohnung hinaus an die Ostsee, wo sie sich am Strand von der Sonne bräunen lassen kann. Sie sucht aber einen Ort, wo sie nicht ganz auf Unterhaltung zu verzichten braucht. Susanne ist zwar mit der See einverstanden, doch wäre ihr die Nordsee lieber. Das Schwimmen in der Brandung gefällt ihr besser.

Heinz sagen alle Vorschläge nicht zu. Ihn lockt es in die Alpen. Er möchte am liebsten in den Bergen zwischen Felsen herumklettern und Gipfel besteigen. Was nun? — Die Familie muß zu einer Lösung finden, die alle befriedigt. Zunächst wird die Entscheidung um eine Woche vertagt.

4. Was kann jeder in dieser Zeit tun, um annehmbare Vorschläge vorzubereiten, um die anderen zu überzeugen, damit es zu einer Einigung kommt? Welches Material kannst du dir zu diesem Zweck beschaffen?

Abb. 1   An der Nordseeküste

Abb. 2 In der Lüneburger Heide

Abb. 3 Im Harz. Blick auf den Brocken

III **2** Abb. 4 Die Ketten der nördlichen Kalkalpen. Im Hintergrund die Zentralalpen

Abb. 5 An der Ostseeküste

Am nächsten Sonntag sitzen sie wieder zusammen. Jeder hat ein Bild seiner Landschaft vorzuzeigen. Er hat gleichzeitig stichwortartig auf einem Zettel vermerkt, was er dazu an Eigenschaften und Vorzügen aus den Prospekten entnommen hai. Auch ein Atlas liegt bereit.

5. *Erzähle, was du auf den Bildern siehst! — Stelle mit Hilfe eines Stichwortzettels die einzelnen Landschaften vor! — **6.** Wie versucht jeder, dem anderen entgegenzukommen, um schließlich doch seinen Vorschlag durchzubringen? — Wessen Ziel scheint deiner Meinung nach die besten Aussichten zu haben, angenommen zu werden?*

Susanne setzt sich schließlich mit ihrem Vorschlag durch. Folgende Gründe waren ausschlaggebend:
An der Westseite der Insel Sylt badet man fast unabhängig von den Gezeiten in der Brandung. Mutter findet Sand, Sonne, Ruhe und ab und zu Unterhaltung in Westerland. Man kann sich auch einen kleinen Ort aussuchen, in dem Vater nicht auf so viele Menschen trifft. Bei niedrigem Wasser sind Wattwanderungen möglich. Wandern kann man auch durch die Dünenlandschaften abseits vom Badeleben.
Heinz tut ihr leid. Seine Vorschläge und Wünsche werden nicht erfüllt. Darum schlägt sie zum Trost eine kleine Rundreise vor, auf der auch der Harz, eine Mittelgebirgslandschaft, besucht werden soll.

7. *Lege auf der Atlaskarte nach Susannes Vorschlag eine Reiseroute fest, bei der alle genannten Landschaften durchfahren werden! — Die Fahrt soll mit dem Auto gemacht werden. — **8.** Wie würde der kürzeste Reiseweg mit der Eisenbahn aussehen? — **9.** Wie erreicht man Berchtesgaden in den Alpen a) mit dem Auto b) mit der Bahn?*

2. Auf der Ferieninsel Sylt

Das Nordseebad Rantum ist das Ferienziel der Familie. „Ein kleines Friesendorf in ruhiger Lage zwischen der offenen See und dem Wattenmeer", so beschreibt der Prospekt den Ort. Hinter einem herrlichen Sandstrand wird eine unberührte Dünenlandschaft versprochen.

1. Zu welcher Inselgruppe gehört die Insel Sylt? — 2. Nenne die anderen Inseln dieser Gruppe! — 3. Wie gelangst du vom Festland auf die Insel? — 4. Bei welchem Ort endet die Eisenbahnlinie? — 5. Beschreibe die Lage von Rantum!

Ein Autotransportzug hatte die Ferienreisenden von Niebüll aus über den 8 m hohen und 51 m breiten Damm 12 km weit durch das Wattenmeer zur Insel gebracht. Sie waren „übers Wasser" gefahren. Hier sollte man wandern können? Aber zeitweise ist das flache Wattenmeer eine Schlickfläche zwischen der Insel und dem Festland. Gleich nach der Ankunft nahmen die beiden Kinder ein Bad in der Nordsee.

Die Brandung setzt ihnen dabei tüchtig zu. Festes, sicheres Stehen ist kaum möglich. Immer wieder stürmen die Wellen gegen den Strand, schlagen gegen den Körper und ziehen beim Abfließen die Beine fort. Aber es macht Spaß, wenn man sich in die Brandungswellen stürzt und von ihnen emporgehoben oder überspült wird. Weiß gischend laufen die Wellen am Strand aus.
Vater wandert schon am nächsten Tage zum Roten Kliff. Dieses Steilufer zeigt, wie Wind und Wasser vereint an der Westseite der Insel arbeiten. Die Wellen branden gegen die Küste. Im Laufe der Zeit bröckeln und rutschen so ganze Erdschichten ab. Bei der großen Sturmflut von 1962 ging ein fast 10 m breiter Streifen Land verloren. Was bedeutet das für die Bewohner?

Die Wanderdünen des Listlandes sind ebenfalls ein lohnendes Ausflugziel. An der ganzen Westküste gibt es einen Streifen mit Dünen, die mit Strandhafer, Sträuchern und Heidekraut bewachsen sind. Westlich von List liegt ein besonders großes Dünengebiet. Hier finden wir neben bewachsenen Dünen einige hohe unbewachsene. Wie sind diese Sandberge entstanden? Sie sind das Werk von Wellen und Wind. Jede Welle bringt feinkörnigen Sand mit auf den Strand. Kräftiger Wind treibt die getrockneten Sandkörnchen weiter. Von Unebenheiten, Grasbüscheln und Kräutern wird der aufgewirbelte Sand festgehalten. Es bilden sich Sandbuckel. Die zugedeckten Pflanzen und Gräser wachsen nach oben oder treiben unterirdische Ausläufer. Allmählich wachsen die Buckel zu hohen Sandhügeln. Welche Wirkungen haben die Gräser mit ihren unterirdischen Ausläufern auf die Sandberge?
Wanderdünen werden nicht durch Gräser, Sträucher und Kräuter festgehalten. Der Wind treibt hier den Sand an der ihm zugekehrten Seite (Luv) hoch bis auf den Kamm. An der ihm abgekehrten Seite (Lee) rieselt der Sand den steilen Hang wieder hinunter. So kommt die Düne ins Wandern.
Die über normale Fluthöhe angewachsenen Dünen an der Westküste der Insel ersetzen die Deiche. Häufig werden sie von Sturmfluten und Windauswehungen beschädigt. Dann müssen sie mit Strandhafer neu bepflanzt werden. In diesen Dünen darf der Urlauber nur vorgeschriebene Wege benutzen.
Kannst du dir denken, warum man nicht quer durch die Dünen laufen darf?

Westerland ist der städtische und gesellschaftliche Mittelpunkt der Insel. Die 12000 Einwohner sind in der Hauptsaison in der Minderheit. Mit den Kurzbesuchern erreicht die Zahl der Übernachtungen in der Stadt jährlich 1330000.

6. *Errechne den Monatsdurchschnitt an Übernachtungen, wenn man für die eigentliche Badesaison 6 Monate ansetzt! —* **7.** *Welche Unterbringungsmöglichkeiten werden dem Besucher auf der Insel geboten? Suche Zeitungsannoncen von Badeorten an der Küste und informiere dich in Prospekten! —* **8.** *Erinnerst du dich noch, welche Wünsche die Familienmitglieder bei der Planung der Reise äußerten? Welche Wünsche konnten sie verwirklichen? —* **9.** *Wie kann man den Aufenthalt am Strand gestalten? —* **10.** *Welche Landschaftsformen gibt es auf der Insel? Wo liegen sie? —* **11.** *Berichte über die Entstehung einer Düne! Erkläre dabei die Begriffe Luv und Lee! —* **12.** *Welche Seite der Insel wird von der Brandung stark angegriffen? Wie können die Inselbewohner ihr Land an dieser Seite schützen? —* **13.** *Was geschieht bei einem Kliff? —* **14.** *Erkläre, warum die Dünen unter Naturschutz stehen!*

Brandung, Kliff, Düne, Wanderdüne, Luv, Lee

Abb. 6-8 Sylt. Wanderdüne im Listland; Rotes Kliff

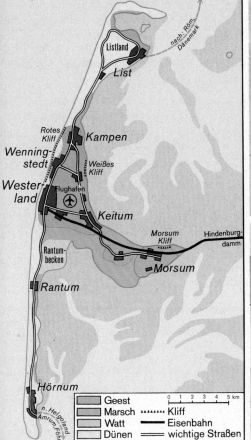

3. Sturmflut an der Nordseeküste

Schon seit Tagen wehen stürmische Winde aus SW. Sie haben bereits viel Wasser durch den Kanal in die Nordsee gedrückt. In der Nacht dreht der Sturm unerwartet auf NW.

Um Mitternacht werden die sorglos schlafenden Bewohner an der deutschen Nordseeküste durch das Heulen eines rasenden Unwetters aufgeweckt. Noch ahnt niemand die drohende Gefahr; denn die nächste Flutzeit müßte erst gegen 7 Uhr morgens eintreten. Aber die See schwillt rasch zu solcher Höhe an, daß die Flut schon kurz nach zwei Uhr an einzelnen Stellen über die Deiche hinwegspringt. Diese halten auf die Dauer dem Andrang der Wogen nicht stand und brechen an den schwächsten Stellen. Jetzt ergießt sich das Wasser in die weiten, tiefliegenden Ebenen, so daß in kurzer Zeit alles ringsum dem aufgewühlten Meer gleicht: heulender, rasender Sturm, rollender Donner, mit Getöse einbrechende Wogen. Die Hölle ist los!

Der anbrechende Tag zeigt das Unglück in seinen ganzen Ausmaßen. — Und nicht wie sonst geht das Wasser zur Ebbezeit zurück. Der anhaltende wütende Orkan treibt immer neue Wassermassen gegen die Küste. „Die See bleibt stehen!" Das Hilfegeschrei der bedrohten Menschen verhallt im donnernden Brausen des Sturmes und der Wogen, die immer wieder unerbittlich haushoch gegen die Küste anstürmen.

1. Womit haben die Bewohner die Küste und die tiefliegenden Teile des Landes gesichert? Warum waren sie sorglos? — 2. Zeichne eine Skizze der Nordseeküste und trage mit roten Pfeilen die im Text angegebenen Windrichtungen ein! (Du findest auch eine Skizze im Schülerarbeitsheft.) — 3. An welcher Stelle stauen sich die Wassermassen am stärksten? — Warum? Welche Folgen hat das? — 4. Erläutere die Vorgänge auf Abb. 9! — 5. Suche die Verbindungen der Nordsee zum Atlantischen Ozean!

Die Gezeiten, Ebbe und Flut, sind ein charakteristisches Merkmal der Nordsee. Sie zeigen sich am deutlichsten im Wattenmeer.

Bei Ebbe fällt das Wasser etwa 6 Stunden lang und zieht sich von der Küste zurück. Große Flächen des Meeresbodens werden dann vor der Küste vom Wasser freigegeben (Wattenmeer). Bei Flut steigt es etwa 6 Stunden lang an und rückt wieder gegen die Küste vor. Den Unterschied zwischen Niedrigwasser und Hochwasser nennt man Tidenhub. Die Gezeiten der Ozeane entstehen hauptsächlich durch die Anziehungskraft des Mondes.

Stürme aus NW und SW können ungehindert in den Nordseeraum eindringen. Schon bei stärkerem Wind erreichen die Wellen eine Höhe von 3—4 m. Stärkere Stürme treiben haushohe Wellen vor sich her. In gewaltigen Brechern zerstieben diese Wogen an der Küstenlinie und gefährden Dünen und Deiche.

Abb. 9   Die Gezeiten

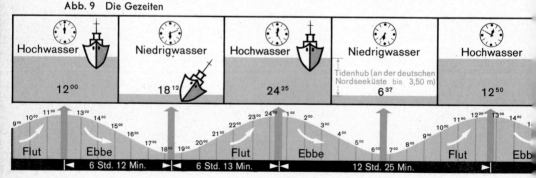

6. *Was geschieht, wenn starker Sturm und Flutzeit zusammenwirken?* — **7.** *Kannst du dich an Schäden erinnern, die ein starker Sturm in deiner Heimat angerichtet hat?* — **8.** *Welche Schäden können an der Küste angerichtet werden?*

Die Flußmündungen sind besonders gefährdet. Bei jeder Flut dringt das salzhaltige Meerwasser in die Mündungen ein, besonders stark bei Sturmfluten. Bei einsetzender Ebbe läßt der Druck von der Seeseite her nach, das Flußwasser schießt frei mit starker Strömung ins Meer. Es erweitert die Mündungen zu Trichtermündungen.

Sturmflutkatastrophen haben seit Menschengedenken das Bild der deutschen Nordseeküste verändert. Die Fluten zerstückelten das Land, rissen wertvollen Boden weg und ließen weithin nur Inseln übrig. Manche dieser Katastrophen forderten auch Menschenopfer. Im Jahre 1634 fanden 10000 Menschen ihr Grab in den Wellen, 1953 kamen 3000 Menschen um und 1962 ertranken 300 Menschen.

9. *Warum wurden im Laufe der Jahrhunderte die Menschenopfer geringer?* — **10.** *Suche auf der Karte an der Nordseeküste die Halligen, nenne Inselgruppen, Inseln und Buchten! Zeichne die Inseln in eine Skizze ein!* — **11.** *Welche Flüsse münden in die Nordsee?* **12.** *Was geschieht, wenn das eindringende Meerwasser das ausströmende Flußwasser behindert?* — *Was kann geschehen, wenn eine Sturmflut viel Wasser in die Mündungen drückt?* — **13.** *Welche Wirkung hat das gestaute Wasser, wenn der Druck von der Seeseite her wieder nachläßt?* — *Schau dir die Flußmündungen an!* — **14.** *Welche Flüsse zeigen Trichtermündungen?*

Ebbe, Flut, Gezeiten, Niedrigwasser, Hochwasser, Sturmflut, Trichtermündung

Abb. 10   Deichbruch bei der Sturmflutkatastrophe 1962 in Hamburg

4. Neues Land an der Küste

1. Suche auf der Atlaskarte die Nordfriesischen und Ostfriesischen Inseln! — 2. Wie weit liegen die Inseln vor dem Festland? — 3. Suche auf der Karte das Wattenmeer! Wie ist es dargestellt? Wo liegt es?

Das Wattenmeer liegt vor uns. Zur Zeit ist es vom Hochwasser bedeckt. Wellen rollen heran und laufen an der Schräge des Deiches aus. Mit der Ebbe weicht das Meer allmählich zurück. Bei Niedrigwasser liegt der „Meeresboden" dann frei. Feinsandige und grauschlammige Schlickflächen wechseln miteinander ab; dazwischen stehen noch seichte Tümpel, aus denen in breiten Bächen, den Prielen, das zurückweichende Wasser abströmt. Mehrere Priele vereinigen sich zu einem breiten, meerwärts fließenden Strom. Seevögel stelzen umher und suchen nach Würmern, Muscheln und Krabben. In den Hauptprielen wird bei Niedrigwasser auch gefischt.

Der Queller ist eine wichtige Pflanze im Wattenmeer. Er ist auch eine eigenartige Pflanze. Seine Stiele sind fleischig-dick und kantig. Vor allem auf Schlickflächen, die nur noch selten und für kurze Zeit vom Meerwasser bedeckt sind, siedelt er sich an. Gegen Salzwasser ist die Pflanze unempfindlich.
Man nennt den Queller auch Schlickfänger. Jede Flut bringt ja Sandkörnchen und Schlamm (Schlick) mit. Bevor das Wasser bei Ebbe wieder zurückströmt, kommt es zum Stillstand. In dieser Zeit der Ruhe sinkt ein Teil der mitgeführten Schwebeteilchen auf den Boden. Bei abfließendem Wasser bleibt zwischen den Quellern besonders viel Schlick liegen.
Die Küstenbewohner überlegten, wie sie diesen Ablagerungsvorgang ausnutzen und verstärken konnten. Sie legten deshalb Lahnungen an.

4. Was geschieht, wenn in einem Glas durchgeschütteltes Schmutzwasser wieder zur Ruhe kommt? Welche Erkenntnisse kannst du aus diesem Versuch für die Vorgänge im Wattenmeer gewinnen? — 5. Schau dir auf der Abb. 12 die „Felder" vor dem Deich an. Warum wurden sie angelegt? Beschreibe, wie eine Lahnung aussieht!

Abb. 11 Im Schlick werden Gräben ausgehoben Abb. 12 Lahnung im schon begrünten Schlickwatt

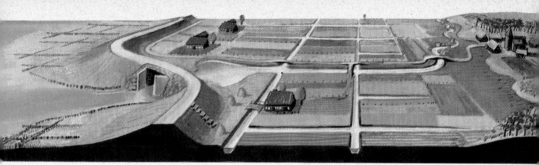

Abb. 13 Querschnitt: Watt, Marsch, Geest. — Beschreibe die Entwässerung der Marsch! Was geschieht bei Flut?

Lahnungen sind zur Neulandgewinnung nötig. So nennt man Pfahlreihen im Wattenmeer. Längs- und Querlahnungen schließen Landgewinnungsfelder ein. Die Pfahlreihen schwächen den Wellengang und beruhigen das Wasser. Dadurch setzt sich beim Gezeitenwechsel noch mehr Schlick in dem beruhigten Wasser ab. Der Boden erhöht sich in kürzerer Zeit. Steht das Meer bei normalem Hochwasser nur noch knapp über den Feldern, wirft man Gräben (Grüppen) aus. Sie sollen die Entwässerung des neuen Bodens fördern. Von Zeit zu Zeit setzen sich diese Gräben mit Schlick wieder zu. Dann müssen sie erneut ausgehoben werden. Dieser ausgehobene Schlick wird auf die Landgewinnungsfelder geworfen und erhöht sie zusätzlich.
Bald kann die normale Flut den Neuboden nicht mehr überspülen. Gräser siedeln sich an und festigen mit ihren Wurzeln den Boden. So wächst in Jahrzehnten ein breiter Streifen neues Land ins Meer.
Ein Deich sichert dann dieses Neuland. Man nennt es Koog oder Polder. Im Laufe der Zeit wäscht der Regen das Meersalz aus dem Boden. Der Bauer kann das Neuland, die Marsch, als Viehweide und als Ackerland nutzen. Vor dem neuen Deich baut man wieder Lahnungen ins Wattenmeer. Dadurch gewinnt man neues Vorland, das den Deich schützt.

6. *Warum wohl nennt man die Inseln an der Nordseeküste auch Wellenbrecher?*

Wattenmeer, Schlick, Priel, Queller, Lahnung, Deich, Koog (Polder), Marsch

Abb. 14 Fortgeschrittene Anlandung   Abb. 15   Deichreifes Vorland

5. Ein Meer wird zum See

1. *Suche auf der Karte der Niederlande das IJsselmeer! — Erkläre, auf welche Weise diese Bucht entstanden sein mag!* — **2.** *Beachte die Ausdehnung der Marsch!* — *Wie liegt dieser Landschaftsteil zum Meeresspiegel?*

Die Zuidersee entstand erst gegen Ende des 13. Jahrhunderts. Noch um 1250 wies die Küstenlinie zwischen Friesland und Nordholland nur kleine Buchten auf. Alte Karten berichteten zu dieser Zeit in diesem Küstenstrich auch von Binnenseen (Wieringer See, Flevolandsee).

Abb. 16 Die Zuidersee vor der Eindeichung   Abb. 17   Landgewinnung im IJsselmeer

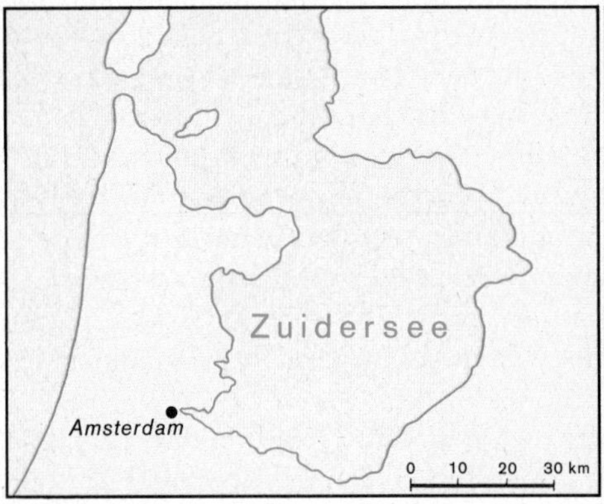

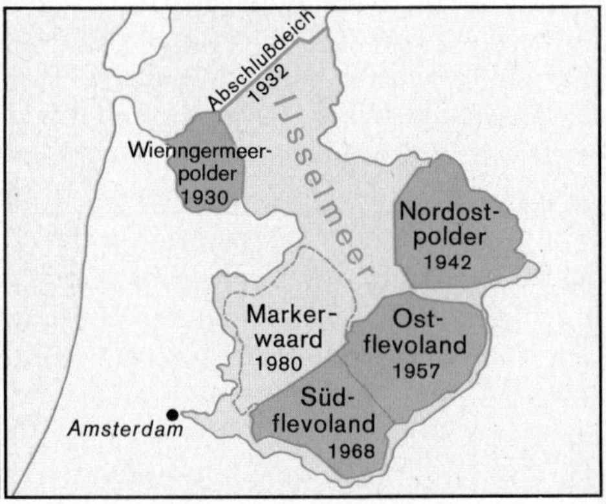

Bereits im Jahre 1667 wollten die Holländer die Zuidersee durch einen Deich abschließen und mit Hilfe von 400 Windmühlenpumpen entwässern. Aber erst im Mai 1919 kam es zu den ersten Vorbereitungen: man untersuchte Meeresboden, Strömungen, Wassertiefe und Geschwindigkeit der Strömungen. Kräne, Schleppdampfer und Lastkähne wurden eigens für diese Arbeit gebaut. Im Jahre 1923 konnte dann mit den Arbeiten zur Errichtung des Dammes begonnen werden. Im Mai 1932 wurde die letzte Baulücke geschlossen. An dieser Stelle wurde ein Gedenkstein mit der Inschrift eingefügt: „Ein Volk, das lebt, baut an seiner Zukunft!"

Der Abschlußdeich verlangte jahrelange harte Arbeit gegen das Meer mit seinen Gezeiten, Stürmen und heimtückischen Strömungen. An der NW-Küste der Zuidersee hatte man 1923 begonnen. Zwei Jahre später war das erste Teilstück zwischen der Provinz Nordholland und der Insel Wieringen fertig. Je näher die Abschnitte zusammenrückten, desto stärker wurde zwischen ihnen der Gezeitenstrom. Die Strömung riß oft das für den Fundamentbau ins Wasser geschüttete Material wieder fort. Sie spülte sogar an den engen Baulücken tiefe Rinnen im Meeresboden aus. Zuletzt war es ein unerbittlicher Kampf zwischen Mensch und Wasser. Dabei kam es nur darauf an, sehr schnell so viel schweres Material zu versenken, daß die Gezeiten nur einen geringen Teil wieder fortspülen konnten. Schließlich blieb der Mensch mit Hilfe der modernen Technik Sieger. Hinter dem 32 km langen Damm mit seinen 25 Abzugsschleusen und 2 Schiffsschleusen entstand ein Süßwassersee. Man nennt ihn IJsselmeer. Mit seinem Wasser kann man die umliegenden Provinzen versorgen.

3. *Welche Meereskräfte wurden durch den Deich in ihrer Wirkung ausgeschaltet? —*
4. *Warum mußten die Schleusen in den Damm eingebaut werden?*

Polderanlagen haben beim Trockenlegen des IJsselmeeres geholfen. Der Nordost-polder wurde zuerst erbaut. Vom Festland aus entstand ein ringförmiger Deich. Pumpwerke saugten das von ihm eingeschlossene Wasser aus. So entstand neues Land. Anfangs trug es nur Schilf und Riedgras, bis es vom Regenwasser entsalzt war. Danach konnte der Boden landwirtschaftlich genutzt werden. — Nicht alle Polder schließen direkt ans Festland an. Entwässerungsgräben durchziehen das Land. Die Pumpwerke, die einst den Polder entleerten, blieben weiter im Betrieb. Sie werden heute elektrisch betrieben. So schaffen die Niederländer neue Provinzen, die ihnen für die Zukunft Gebiete für die Landwirtschaft und Räume für Industrie und Erholung sichern.

5. *Berechne die Bevölkerungsdichte der Niederlande und der Bundesrepublik:*
    Größe und Bevölkerung der Niederlande   36100 km²   12,3 Mill. E
    Größe und Bevölkerung der BRD   248500 km²   61,5 Mill. E

6. *Sprich über die Aufgaben der Pumpwerke! —* **7.** *Wie wird Flevoland genutzt? —*
8. *Vergleiche die Neulandgewinnung im IJsselmeer mit der an der deutschen Nordseeküste!*

Binnensee, Süßwassermeer, Abschlußdeich, Polder, Ringdeich

Abb. 18   Nutzungsplan Flevoland (Stand 1974)   III **11**

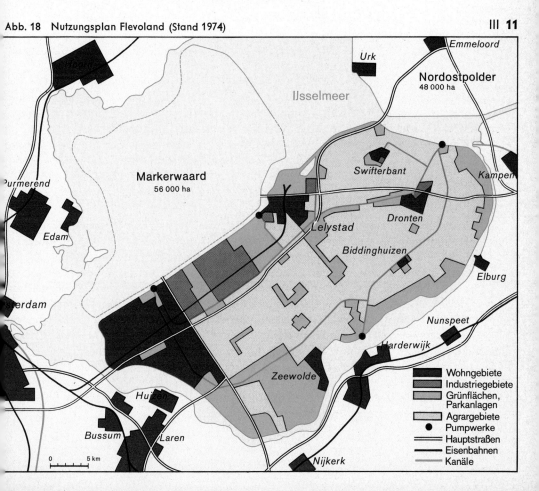

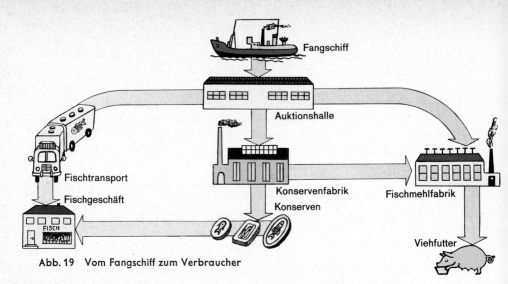

Abb. 19   Vom Fangschiff zum Verbraucher

6. Nahrung aus dem Meer

Fischfang und -verbrauch in der BRD 1972 in Tonnen (t)	
Fischfang	
Krabben, Krebse	26 039
Heringe	54 189
Kabeljau	147 346
Rotbarsch	59 950
Schellfisch	6 154
Seelachs	69 074
Sonstige	20 286
insgesamt	383 038
davon Anlandungen in	
Bremerhaven	196 010
Cuxhaven	101 004
Hamburg Altona	37 000
Kiel	44 024
andere Häfen	5 000
Fischverbrauch	780 000

1. *Wie hoch war der Fischverbrauch in kg pro Kopf im Jahr 1972, wenn wir für die BRD 60 Mill. Menschen annehmen? —* **2.** *Suche im Atlas mit Hilfe des Stichwortverzeichnisses die Fischfanggebiete der deutschen Fischereiflotte: Nordsee, Island, Ostsee, Labrador, Neufundland! —* **3.** *Welche Fischsorten kannst du auf dem Markt oder im Fischgeschäft kaufen?*

Die Fangschiffe laufen täglich aus und bringen die „Ernte" des Meeres ein.

Fischkutter betreiben die Kleine Hochseefischerei. Sie befahren die Flußmündungen und die küstennahen flachen Gewässer und fangen auf ihren Tagesfahrten Krabben, Krebse, Schollen und Seezungen (Plattfische).

Logger, die einst auf Heringsfang in der Nordsee gingen, sind mit der Zeit von den moderneren Trawlern verdrängt worden. Besaß die deutsche Fischereiflotte im Jahre 1960 noch 105 Logger, so sind es heute nur noch neun.

Trawler nennt man die größeren Fangschiffe. Sie dienen unter anderem der Großen Heringsfischerei und der Großen Hochseefischerei. Damit sich der Fangversuch lohnt und das Netz nicht nutzlos in fischarmen Meeresteilen ausgesetzt wird, ortet man die Schwärme mit der „Fischlupe". Das ist eine Art Echolot, gekoppelt mit einem Fernsehschirm. Darauf kann der Kapitän den Standort der Schwärme feststellen. Erkundige dich, wie sich eine Taube oder eine Fledermaus orientiert, und wie ein Radargerät arbeitet. Ähnlich arbeitet die Fischlupe. Ein besonders schonender Fang wird durch das Elektrofangverfahren garantiert. Die Fische werden dabei mittels elektromagnetischer Wellen in die Nähe der Fangrichtung gelockt und dann mit Elektroschock betäubt. Als Fanggeräte werden Treib- und Schleppnetz gebraucht. Nach dem Einholen der Netze wird der Fang über großen Behältern entleert. Die Mannschaft kehlt (schlachtet) die Heringe und salzt sie zur Lagerung ein. Die Heringssaison dauert von Mai bis Dezember.

Abb. 20
Heckfänger
beim Rotbarschfang

Die Reisen der Hochseefischfänger nach Grönland, Labrador, Neufundland, Neuschottland oder Südafrika dauern bis zu 6 Monaten. Das Fischfleisch würde in dieser Zeit verderben, wenn es nicht sorgfältig frischgehalten würde. Darum schickt man auf diese Fahrten moderne Fangfabrikschiffe, sogenannte Vollfroster. Mit ihnen kann man auch in tropischen Gewässern fangen. Nach dem Einholen des Schleppnetzes werden die Fische nach Arten sortiert und im Stauraum zwischen Eislagen aufgeschichtet. Ein Teil der Fische wird sofort vollautomatisch zu Filet geschnitten (filetiert) und in Kühlräumen aufbewahrt. Die Abfälle ergeben Fischmehl, ein wertvolles Futtermittel für Schweine und Hühner.
In Zukunft soll die Verarbeitung auf reinen Fabrikschiffen erfolgen, die als Mutterschiffe einer Fangflotte anzusehen sind. Vorläufig geschieht die Verarbeitung zum größten Teil noch in den Hafenstädten.

In den Fischereihäfen ist Schnelligkeit oberstes Gebot. Nach dem Einlaufen der Fangschiffe wird die Ladung sofort gelöscht (ausgeladen). Danach erfolgt in riesigen Auktionshallen die Versteigerung (der Verkauf). Innerhalb von 24 Stunden erreicht ein Teil der angelandeten Fische in Kühlwagen auf Straße und Schiene die Fischgeschäfte in der BRD. Ein andrer Teil wird in Konservenfabriken verarbeitet.

4. Die Transportabschnitte zwischen den Kühleinrichtungen vom Fang bis zum Verbraucher nennt man „Kühlkette". Kannst du diesen Begriff erklären? — 5. Welche Fischgerichte werden in den Tiefkühltruhen der Geschäfte angeboten? Nenne Fischarten, die in Konserven angeboten werden! — 6. Stelle in der Klasse fest, wie oft in den einzelnen Familien Fisch gegessen wird! In welcher Form kommt er auf den Tisch? —

Kutter, Logger, Trawler, Treibnetz, Schleppnetz, Vollfroster (Fangfabrikschiff), Kühlkette

7. Erholungsraum Mittelmeer

1. *Beschaffe dir Prospekte: a) von der Adria sowie von der Riviera Italiens und Frankreichs und b) von der Costa Brava und der Costa del Sol Spaniens! Stelle in einer Liste, getrennt nach den verschiedenen Küstenabschnitten, Namen von Badeorten zusammen!* — **2.** *Suche auf der Atlaskarte diese Küstenabschnitte!* — **3.** *Welche europäischen Mittelmeerländer werden als Urlaubsländer angeboten? Suche sie im Atlas!* — **4.** *In den Bädern an der Mittelmeerküste fallen dir häufig folgende Nationalitätszeichen an Kraftfahrzeugen auf: B, N, NL, DK, D, F, GB, S, A. Aus welchen Ländern kommen diese Urlauber?* — **5.** *Warum fahren so viele Menschen aus diesen Ländern ans Mittelmeer, obwohl es die meisten von ihnen zur Nord-, bzw. Ostsee näher haben?* — *Die folgenden Tabellen können dir bei der Beantwortung der Frage helfen!*

	mittlere Temperatur in °C		Niederschlag in mm	
	Juli	August	Juli	August
Stockholm	16,5	15,0	60	74
Helgoland	16,0	15,9	87	89
Hamburg	16,9	16,0	85	87
London	17,3	17,0	60	58
Marseille	22,0	22,0	16	27
Barcelona	24,0	24,0	24	34
Valencia	24,6	26,0	12	9
Athen	28,0	26,0	0,2	14

	Wassertemperatur in °C während der Bademonate											
	J	F	M	A	M	J	J	A	S	O	N	D
Norwegen (Bergen)						11	13	14	10			
deutsche Ostsee						15	17	18	16			
Riviera/Adria					16	20	22	23	21	19	16	

6. *Suche die Orte auf der Atlaskarte!* — *Vergleiche Temperaturen und Niederschlagswerte!* — **7.** *Werte die Tabelle mit den Wassertemperaturen aus!*

III **14**   Abb. 21   Cattolica an der Adria (vgl. Abb. 22)

Unser Sommerwetter in Nord- und Mitteleuropa ist häufig unbeständig. Beim Mittelmeerklima kann der Sommerurlauber dagegen wochenlang mit blauem, wolkenlosem Himmel rechnen. Wem es zu warm wird, der kann zu jeder Tageszeit ein erfrischendes Bad nehmen.

8. *Beschreibe nach Abb. 21/22 das Badeleben! Wodurch unterscheidet es sich vom Strandleben an der deutschen Küste? —* **9.** *Wie du gehört hast, kann man im Mittelmeer zu jeder Tageszeit baden. Wie ist es an der Nordseeküste?*

Vor den großen Ferien konnte ich folgendes Gespräch verfolgen:

Monika: Wir fahren in diesem Jahr an die italienische Adria. Dort muß es einfach herrlich sein. Schau dir mal die Prospekte an! Herrliches Wasser, strahlend blauer Himmel! Von morgens bis abends kann man in der Sonne braten und baden, wann man will. Selbst nachts bleibt das Wasser warm.

Helga: An der Adria war ich schon zweimal. Ich möchte nicht noch einmal dorthin. Und wenn die Sandstrände auf den Bildern noch so herrlich aussehen, da kann man doch keinen richtigen Urlaub machen. Das Wasser ist gar nicht so blau wie auf den Bildern, und die Menschen liegen am Strand noch enger als Heringe in der Dose. Wir fahren in diesem Jahr ins Gebirge.

Ingrid hatte bisher nur zugehört. Nun meint sie aber: Habt ihr euch schon einmal überlegt, daß es auch noch andere Dinge gibt als baden und in der Sonne braten? Bei meinen Aufenthalten in Italien und Spanien habe ich es immer als angenehm empfunden, spät abends noch einen Stadtbummel durch die belebten Straßen machen zu können. Die Geschäfte laden zum Beschauen und Kaufen ein, und in den Gaststätten kann man spät noch essen, kalte Getränke schlürfen oder ein Eis lecken. Es ist ein buntes Leben bis spät in die Nacht. Oft sind wir in die Umgebung gefahren und haben Sehenswürdigkeiten aufgesucht.
Schon auf der Hinfahrt besuchten wir Venedig. Interessant ist auch Ravenna mit seinen Baudenkmälern aus der Zeit der Römer und Theoderichs des Großen. Die Ausgrabungen von Pompeji zeigen die Anlagen einer Stadt des Altertums.

Abb. 22 Am Adriastrand (Pesaro). — Zustände wie auf diesen Bildern herrschen aber nicht an allen Küstenabschnitten des Mittelmeeres. Es gibt auch ruhige Badebuchten, die allerdings abseits liegen und nur zweimal am Tage mit dem Omnibus erreicht werden können (Vgl. Abb. 23).

10. *Kennst du aus eigenem Erleben Sehenswürdigkeiten einzelner Mittelmeerländer?* —
11. *Was hast du von Verwandten und Bekannten darüber erfahren? Was von Gast-*
arbeitern? — 12. *Warum ist der Lebensrhythmus (Tagesablauf) in den Mittelmeerländern*
anders als bei uns? — 13. *Orientiere dich, mit welchen Bildern auf Plakaten und Pro-*
spekten für die einzelnen Länder und Orte geworben wird (z. B. Bauwerke, Lebens-
gewohnheiten)! — 14. *Schau einmal in Prospekten und in Zeitungsanzeigen nach,*
welche Unterbringungsmöglichkeiten angeboten werden! — 15. *Scherzhaft bezeichnet*
man die Touristenhotels als „Wohnsilos". Kannst du diese Bezeichnung erklären? —
16. *Erkundige dich nach den Kosten: drei Wochen Urlaub für 4 Personen!*

Wenn im Spätherbst die Badesaison zu Ende geht, leeren sich die Strände. Viele
Badeorte (Städte) haben in der Hochsaison eine Einwohnerzahl von über 200000
Menschen. In den Wintermonaten werden sie nur von 8000—10000 bewohnt. Dann
erscheinen diese Orte wie ausgestorben. Manche Geschäftsleute haben die Hotels,
Ferienheime und Geschäfte nur für die Saison gepachtet, andere schließen ihr Unter-
nehmen für die Winterzeit. Das Wirtschaftsleben in diesen Orten konzentriert sich
auf die Touristensaison.
Wenn nach dem Winter die Touristen wieder erscheinen, beginnt eine neue Saison.
Damit kommen auch wieder die regelmäßigen Einnahmen.

17. *Was bedeutet Saison a) für die Einwohner, b) für die Inhaber der Saisonbetriebe? —*
Was werden sie den Winter über tun? — 18. *Manche Urlaubsorte in südlichen Ländern*
bemühen sich auch um Wintergäste. Wodurch soll das möglich gemacht werden? —
19. *Welche Erholungsräume können das ganze Jahr hindurch mit Urlaubern rechnen? —*
20. *Erkundige dich, welche Erholungsgebiete des Mittelmeeres nur mit dem Flugzeug*
oder mit dem Schiff erreichbar sind! — Was ist ein Charterflug? — 21. *Sprich über die*
Vor- und Nachteile eines Badeurlaubs an der Nord-, bzw. Ostsee und am Mittelmeer. —
Denke dabei an Reiseweg, Unterkunft, Verpflegung, Wetter, Temperaturen (Wasser,
Luft), Seegang, Brandung, Gezeiten, Strand usw.

Mittelmeerklima, Saison

III **16**   Abb. 23   Badebucht an der französischen Riviera

Wir fahren in die Berge

SCHÄFER · WELTKUNDE 5./6. Schuljahr. Unterrichtsreihe IV. Best.-Nr. 21504. Ferdinand Schöningh, Paderborn

1. Berge und Wälder für die Erholung

Fast 150000 Menschen besteigen jährlich den Turm auf dem Kahlen Asten im Sauerland. Die Bergkuppe ist mit 841 m Höhe einer der höchsten Berge Westdeutschlands. Auch wir steigen auf den Turm.

Die Bergwelt des Sauerlandes liegt unter uns. Unmittelbar unter der Kuppe sehen wir eine wellige Hochfläche. Sie liegt etwa 700 bis 750 m hoch. Wiesen, Weiden und vereinzelte Äcker liegen auf dieser Hochfläche. Fast könnte man glauben, sich in einem Hügelland zu befinden, wären nicht die tief eingeschnittenen Täler. Sie liegen gut 200 m tiefer als die Hochfläche und werden von steilen, waldbestandenen Hängen gesäumt. Schmale Wiesenstreifen ziehen sich an den Bachläufen entlang.
Hinter diesen eingekerbten Wiesentälern reiht sich Bergrücken hinter Bergrücken, fast alle gleich hoch. Vereinzelt heben sich darüber rundliche Kuppen. Das dunkle Grün der Fichtenwälder, die diese Kuppen und Rücken bedecken, verschwimmt in der Ferne zu einem dunklen Blau. Nur an wenigen Stellen wird es von dem helleren Grün einiger Laubwälder oder vereinzelter Felder auf kleinen Hochflächen unterbrochen.

Mittelgebirge nennen wir ein solches Bergland. Das Sauerland ist nur eines unter vielen. Auch in den anderen finden wir meist ähnliche Formen. Der Höhe nach sind sie jedoch recht unterschiedlich. Sie reichen von 200 m bis zu 1600 m.

1. Suche auf der Atlaskarte das Sauerland und den Kahlen Asten! — 2. Mit welchen Worten wurden im Text die Formen der Mittelgebirge beschrieben? Schreibe sie in einer Liste auf! — 3. Warum werden nur die Hochflächen und die Talböden landwirtschaftlich genutzt? — 4. Suche auf Karten im Atlas andere deutsche Mittelgebirge, nenne ihre höchsten Berge!

Abb. 1   Kahler Asten mit Winterberger Hochfläche

Das Wetter im Sauerland ist unberechenbar, das zeigen dir schon die folgenden Klimadaten. Bedenke, daß es sich dabei um Werte handelt, die aus den Beobachtungsjahren 1871—1960 errechnet wurden. Es sind langjährige Mittelwerte.

Unter der Überschrift „Saure Mienen im Sauerland" berichtete eine Zeitung des Ruhrgebietes am 19. Januar 1972:

„Alle sechs Stunden schleppt der Wetterwart einen Blecheimer 75 Stufen hoch zur Wetterstation am Kahlen Asten. Bei jeder Messung findet sich kaum eine Schneeflocke auf dem Boden des Eimers, und die regelmäßige Eintragung lautet: 0,0 mm, kein meßbarer Niederschlag. Weit verbreitet ist die Niedergeschlagenheit in Winterberg und den Kurorten ringsum. Die Skilehrer — Maurer, Waldarbeiter, Dachdecker im Sommer — sind in dieser Hochsaison arbeitslos. Bisher wurde nicht ein einziges Paar Ski verliehen. Die 22 Lifte, in die mancher Winterberger sehr viel Geld angelegt hat, liefen erst an einem Wochenende: das war im November. Nur ein Viertel der 3 000 Fremdenbetten in Winterberg ist belegt. Wo sonst an Wochenenden 6 000 Autos parken, 200 Busse die Straße verstopfen und vier Sonderzüge Hunderte von Schneehungrigen heranbringen, ergehen sich jetzt vereinzelt Wanderer mit Rucksack und Spazierstock."

Klimadaten vom Kahlen Asten (Sauerland) 841 m

	J	F	M	A	M	J	J	A	S	O	N	D	Jahr
Temperatur (°C)	−3,1	−2,8	0,4	4,0	8,6	11,6	13,2	13,0	10,3	5,5	1,1	−1,8	5,0
Niederschl. (mm)	148	128	94	112	90	111	131	135	108	128	132	134	1454
mittl. Zahl der sonnigen Tage	2,0	2,5	2,4	2,4	2,9	2,0	1,8	1,9	3,3	2,5	2,1	1,6	27,4
mittl. Zahl der trüben Tage	20,7	17,6	17,7	14,3	13,3	15,0	16,1	15,5	13,3	17,9	10,6	22,3	204

	Dez.	Jan.	Febr.	März
mittlere Zahl der Tage mit Schneefall monatlich (1889—1940)	12	12,9	12,9	13,2
Zahl der Tage mit Schneefall in den Wintermonaten 1971/72	3	11	2	6
Mittlere Zahl der Eistage monatlich (1889—1940)	11,7	14,4	12,5	6,7
Zahl der Eistage in den Wintermonaten 1971/72	8	25	3	4

Tage mit Schneefall sind Tage, an denen mindestens 0,1 mm Niederschlag als Schnee fällt. Gemessen wird die Wassermenge, d.h. der Schnee wird aufgetaut. Eistage sind solche Tage, an denen die Temperatur immer unter 0° bleibt. In den Monaten Dezember bis März 1971/72 wurde an keinem Tag die für den Skisport notwendige Schneedecke von 20 cm erreicht.

5. Zeichne ein Klimadiagramm mit Temperatur und Niederschlag vom Kahlen Asten! Vergleiche mit Abb. I/8! — 6. Auch im Sauerland gibt es in jedem Jahr Zeiten, in denen mehrere Wochen lang schönes Wetter herrscht. Wie ist es möglich, daß dann die Klimatabelle für die einzelnen Monate nur so wenig sonnige Tage (den ganzen Tag Sonnenschein) angibt? Überlege, wie die Klimawerte zustande gekommen sind! — 7. Welche Schneeverhältnisse würde ein Wintersportler nach den mittleren Werten 1889—1940 im Winter am Kahlen Asten erwarten? Vergleiche mit den wirklichen Verhältnissen im Winter 1971/72! — 8. Welche Landschaft hältst du für die reizvollste? Ordne die folgende Liste von Aussichtspunkten nach der Reihenfolge der Beliebtheit!

Ausblick über dicht mit Fichten bestandene Flächen, Blick auf moderne Wohnblocks, Ausblick in ein Wiesental mit glitzerndem Bachlauf, Aussicht auf ein Dorf mit Fachwerkhäusern, Rundblick über Berge und Täler, Blick über weite Ackerflächen, Blick auf eine Stadt mit Industrieanlagen. Worauf muß man achten, wenn man eine Landschaft für die Erholung erhalten will?

Talsperren nutzen den Wasserreichtum des Gebirges. Sie dienen neben der Stromerzeugung (s. VII/6) vor allem der Trinkwasserversorgung. Bei Schneeschmelze und nach langen und starken Regenfällen nehmen sie das Hochwasser der Flüsse auf. Sie speichern es für Trockenzeiten, die vor allem im Sommer auftreten können. Dadurch haben diese Flüsse eine gleichmäßigere Wasserführung. Dem Grundwasser des Ruhrtales entnehmen die Großstädte des Ruhrgebietes ihr Trinkwasser (s. VI/2). Dieses Grundwasser ist zum größten Teil versickertes Ruhrwasser. Die Talsperren sorgen dafür, daß der Fluß ständig genügend Wasser führt, um den Grundwasserspiegel hoch zu halten.

Als Naherholungsraum für die Bewohner der Industriestädte an Rhein und Ruhr erfüllt dieses Mittelgebirge heute eine wichtige Aufgabe. Wanderwege führen durch Wälder, Wiesentäler und Bergrücken. Die Talsperren laden zum Schwimmen und zum Wassersport ein. Vor allem am Wochenende und bei schönem Wetter sind die Parkplätze und die Gaststätten überfüllt. Im Winter werden die höheren Teile viel von Skiläufern aufgesucht. So haben manche Bewohner des Berglandes im Fremdenverkehr einen zusätzlichen oder neuen Erwerb gefunden. Gasthöfe und Hotels sowie Fremdenzimmer auf Bauernhöfen findet man in allen Dörfern.

9. *Begründe, warum viele Besucher des Sauerlandes sich kurzfristig zu einem Wochenend- oder Kurzurlaub entschließen! —* **10.** *Was bedeutet es für den Verkehr, wenn an schönen Wochenenden viele Menschen in die Naherholungsgebiete fahren? Über welche Zeit erstrecken sich Hin- und Rückfahrt? Wann wird die Verkehrsbelastung am stärksten sein?*

Mittelgebirge; Bergrücken, Kuppe, Hochfläche, Kerbtal; Talsperre, Naherholungsraum

Abb. 2   Mittelgebirgslandschaft mit Bergrücken und Kerbtal   IV 3

2. Urwald und Forst

„Wälder! ... Tiefe, schwere, große Wälder! Sie überziehen gleich einem riesigen Moospolster Berg und Tal, hüllen die ganze Erde in einen grünen, dichten Mantel. — Sobald wir in das dunkle Waldhaus getreten sind, hat dieser Wald etwas Feindseliges, Drohendes. Armdicke, holzige Schlingpflanzen versperren den Weg. Steile Wurzeln treten uns unversehens entgegen. Du schaust in das Gebüsch hinein, das dich auf allen Seiten umgibt. Auf allen vieren mußt du kriechen, unter einer Schlingpflanze hindurch, über einen Baumstamm hinüber. Du schaust hinauf nach den Bäumen, die mit ihren vielen Lianen verhangenen Stämmen und von Orchideen besetzten Zweigen das Unterholz hoch überragen. Nur ahnen kannst du über der dichten glänzenden Laubdecke das Sonnenlicht. Man weiß, da oben leuchtet vielleicht die Sonne. Vielleicht ist sie aber auch hinter einer Wolkendecke verborgen."

Urwald stellen wir uns meist so vor, wie ihn uns der Forscher Waibel aus dem Innern Afrikas schildert. Wir denken an ein Gewirr von Sträuchern, Bäumen und Schlingpflanzen, Bäumen und Sträuchern verschiedenster Art, junge und alte, kleine, große, wahllos vermischt. Betrachten wir Abb. 3, so stellen wir fest, daß Urwald auch ganz anders aussehen kann. Bei den langen kalten Wintern und kurzen Sommern in nördlichen Breiten können nur mehr wenige Baumarten wachsen. Die Wälder sind lichter. Aber auch hier gibt es junge und alte, kleine und größere Bäume in wahllosem Durcheinander. Urwald nennen wir jeden Wald, der vom Menschen unberührt ist. Wie er aussieht, darüber entscheiden die natürlichen Verhältnisse: Klima und Boden. Auch bei uns hat es einst Urwald gegeben. Überall aber hat der Mensch eingegriffen, hat Bäume gefällt, ja ganze Wälder gerodet und z. B. Ackerland geschaffen.

1. Stelle nach dem Text die Kennzeichen des tropischen Urwaldes und nach Bild und Text die des nördlichen Nadelwaldes zusammen! Welche Kennzeichen sind beiden gemeinsam?

Forst nennen wir alle Wälder, die vom Menschen genutzt werden. Das Holz dieser Forsten ist ein wichtiger Rohstoff. Es dient z. B. als Bauholz, für die Anfertigung von Möbeln, für die Papierherstellung und selbst für die Erzeugung von Fasern in der chemischen Industrie. Deshalb kommt es dem Förster darauf an, daß ein Wald möglichst schnell wächst, um viel und gutes Holz zu gewinnen.

In einem großen Forst gibt es immer Arbeit. Kahlstellen müssen mit jungen Bäumchen bepflanzt werden. Ist das Gelände eben und der Boden nicht allzu steinig, werden sie in schnurgeraden Reihen dicht nebeneinander gesetzt. Schilder mit der Aufschrift „Vorsicht Schonung. Betreten verboten!" werden aufgestellt. Hat man Laubhölzer gepflanzt, muß eine solche Schonung eingezäunt werden, damit das Wild die jungen Triebe nicht abbeißt. Langsam wachsen zunächst die jungen Bäumchen empor, breiten ihre Zweige aus, bis sie sich allmählich beengen. Nun beginnt der Kampf um das Licht. Die Stämme schießen im Wettbewerb miteinander in die Höhe. Die unteren Zweige sterben ab, während oben neue nachwachsen. Im Abstand von mehreren Jahren wird der Wald durchforstet. Schwache und kranke Bäume werden herausgeschlagen, aber auch von Stämmen, die zu dicht nebeneinanderstehen, bleibt nur einer. Dieser hat nun Platz, um seine Krone und seine Wurzeln weit auszubreiten. Hört das Wachstum auf, ist der Baum schlagreif. Dies ist bei Fichten nach etwa 80, bei Buchen nach 120, bei Eichen nach 160 Jahren der Fall.

Abb. 3   Im Algonquin-Park in Ontario (Kanada)

Unsere Wälder bestanden vor 200 Jahren noch zu zwei Dritteln aus Laubbäumen. Auch unsere Mittelgebirge trugen früher überwiegend Laubwald. Er bestand aus verschiedenen Arten. Nur in den höchsten Lagen wuchs Nadelwald. Heute bestehen die Wälder des Berglandes vorwiegend aus Fichten. Jedoch bemüht man sich, diese einförmigen Bestände wieder durch artenreiche Mischwälder zu ersetzen. Dies geschieht nicht nur, um die Landschaft für die Erholung abwechslungsreicher zu machen. Mischwälder sind auch widerstandsfähiger gegen Wind- und Schneebruch sowie Schädlinge. Bei starken Schneefällen legt sich der Schnee z. B. auf die Zweige der Fichten. Die Wipfel biegen sich herab, bis sie schließlich abbrechen.

2. *Von den in einer Schonung gepflanzten Bäumen wächst nicht einmal jeder zehnte bis zur erreichbaren Höhe. Warum wird dennoch so dicht gepflanzt? — **3.** Nenne Gründe für und gegen einen reinen Fichtenwald!*

Urwald, Forst, durchforsten, Nadelwald, Laubwald, Mischwald

Abb. 4   Verschieden alte Baumbestände im Harz. (Siehe auch Abb. 1 und 2!)   IV **5**

Abb. 5 Das Karwendelgebirge östlich von Mittenwald

3. Die Alpen, ein Hochgebirge

An besonders klaren Tagen kann man von München aus die gewaltige Gebirgskette der Alpen sehen. Über dem dunklen Grün der fichtenbestandenen Vorberge ragen die Felswände, Spitzen und Grate wie eine zackige Mauer auf. Schneefelder strahlen selbst im Sommer in leuchtendem Weiß.

1. Wodurch unterscheiden sich Hochgebirge von Mittelgebirgen? Vergleiche Abb. 1 u. 2 mit Abb. 5! — 2. Vielfach sind im Hochgebirge die Bergspitzen durch schmale und nach beiden Seiten steil abfallende Felskämme verbunden. Man nennt sie Grate. Suche solche Grate auf den Abbildungen! — 3. Suche auf der Spezialkarte im Atlas Grate und Spitzen! — 4. Miß auf der Atlaskarte Länge und größte Breite der Alpen! Welche Staaten haben an ihnen Anteil? Wo liegen die höchsten Erhebungen?

Wir wollen einen der Gipfel besteigen. Im Tal durchwandern wir zunächst saftig-grüne Wiesen. Nur selten sehen wir einen Acker. Für den Anbau von Getreide ist es zu kühl und regnerisch. Der Aufstieg geht zunächst durch Laubwälder. Je höher wir kommen, desto mehr setzen sich die Nadelbäume durch. In etwa 1300 m Höhe führt unser Pfad durch reine Fichtenwälder. Schließlich stehen nur noch einzelne sturmzerzauste „Wetterfichten" am Wegesrand. Graue Flechten überziehen ihren Stamm. In etwa 1800 m Höhe hört der Wald ganz auf.

Die Waldgrenze ist erreicht. Verkrüppelte Kiefern ducken sich an den Boden. Sie drängen sich zu Gestrüpp zusammen, um sich gegenseitig vor den heftigen, kalten Winden zu schützen. Zwischen diesem Knieholz breiten sich kleine Grasflächen aus, durchsetzt von Kräutern und Blumen in leuchtenden Farben. In einer Höhe von 1900 m verdrängen diese Matten das Knieholz vollends. Wir haben die Baumgrenze erreicht. Von den Felswänden aber schieben sich schon Geröllhalden in diese Stufe der Grasmatten hinein. Der Graswuchs wird spärlicher, je weiter wir steigen.

Felsen
Schnee
2500

Geröll

Almen
1900
Latschen
1800

Lärchen
Fichten

1300

Laub-
wald
1000

Abb. 6   Die Vegetationsstufen in den Alpen

Die Schneegrenze liegt in etwa 2500 m Höhe. Hier ist es so kalt, daß der Schnee nie ganz wegtaut. An den Felswänden kann er sich nicht halten. Er sammelt sich in Mulden, den Karen. Doch ist die Schneegrenze keine gleichmäßig hohe Linie. An den der Sonne zugewandten Hängen liegt sie höher. Durch Auftauen bei Tage und Wiedergefrieren bei Nacht wird der Schnee allmählich zu körnigem Firn. Neuer Schnee drückt ihn zusammen. Der Firn wird zu Eis, das als Gletscher zu Tal fließt.

5. *Nenne den Grund für die Höhenstufen! Liegen sie überall gleich hoch? Denke auch an Länder mit wärmerem und kälterem Klima! —* **6.** *Wo befindet sich in Abb. 5 ein Kar?*

Abb. 6 zeigt dir am Berg einen Wasserlauf, der sich im oberen Teil tief eingeschnitten, im Tal einen Schuttkegel aufgebaut hat.

Wildbach nennt man einen solchen Bergbach. Bei starken Gewitterregen und bei Schneeschmelze schießen in ihm gewaltige Wassermassen zu Tal und reißen Felsblöcke und Gesteinsschutt mit sich. Manchmal werden die Wiesen des alten Schuttkegels meterhoch durch solche Muren, so nennt man die Schuttströme, von Geröllen und Gestein überschüttet.

7. *Wie versuchen sich die Bewohner des Dorfes vor den Hochwassern des Talflusses zu schützen, wie vor den Muren, die der Wildbach mit sich führt? Sieh dir auf Abb. 6 genau die Lage des Dorfes und die Ufer des Wildbaches an!*

Höhenstufen, Waldgrenze, Baumgrenze, Schneegrenze, Spitze, Grat, Kar, Firn, Wildbach, Schuttkegel, Mure

Abb. 7   Felsgruppe des Langkofel (Dolomiten). Beachte die Schutthalden am Fuß der Felswände!

4. In den Bergen drohen Gefahren

Wanderungen im Hochgebirge sind ein besonderes Erlebnis. Ausblicke auf Gipfel, Grate, Schneefelder und Gletscher belohnen die Mühe des Aufstiegs. Zwar kann man heute mit Bergbahnen viele Gipfel ohne Anstrengung erreichen. Doch der Stolz, einen Berg mit eigener Kraft und Gewandtheit bezwungen zu haben, macht das Erlebnis doppelt schön. Man muß schon schwindelfrei sein, wenn man eine Felswand erklettert oder über einen Grat wandert. Manchmal fällt der Fels hundert oder mehr Meter senkrecht ab. Oft finden die Füße auf schmalen Felsbändern kaum Halt.

Steinschlag gefährdet den Wanderer. Urplötzlich lösen sich über ihm Gesteinsbrocken aus der Wand, sausen an Vorsprüngen aufschlagend polternd bergab. Von einem Stein verletzt, verlor mancher Bergsteiger den Halt und stürzte ab.

Verwitterung ist die Ursache des Steinschlags. Mancher Stein ist von Wärme und Kälte gelockert. Ein Stein, der am Feuer erhitzt wurde, zerspringt, wenn man ihn plötzlich abkühlt. Ähnlich ist es bei den Felsen. Tagsüber brennt die Sonne auf sie, nachts ist es schneidend kalt. Dieser tägliche Wechsel bewirkt, daß nach vielen Jahren auch der härteste Stein Risse bekommt. Ist erst ein feiner Riß entstanden, geht es schneller. Wasser dringt ein, gefriert bei Nacht und dehnt sich dabei aus. Allmählich erweitert sich der Riß zur Spalte, bis der Stein so locker ist, daß er sich von der Wand löst. Große Schuttkegel am Fuße der Felsen zeigen, wieviel Gestein schon abgebröckelt ist. Verwitterung nennt man diesen Vorgang. Erfahrene Bergsteiger überprüfen jeden kleinen Felsvorsprung, ob er noch fest genug ist, das Gewicht des Körpers zu tragen. Sie sichern ihren Aufstieg durch Haken, die sie in feste Spalten einschlagen und ziehen Seile hindurch.

1. Warum sollten Bergsteiger möglichst nicht senkrecht übereinander eine Wand erklimmen? — 2. Wodurch entsteht der Steinschlag? Warum tritt er in Hochlagen verstärkt zur Mittagszeit auf? — 3. Warum nehmen erfahrene Bergsteiger Seil, Mauerhaken, Hammer, Eispickel und Steigeisen bei schwierigen Bergtouren mit?

Das Wetter im Hochgebirge birgt weitere Gefahren. Auf das schöne Wetter vertrauend, wagten schon manche Feriengäste den Aufstieg, ohne den Rat erfahrener Bergbewohner einzuholen und ohne sich vorsorglich warme Kleidung mitzunehmen. Sie wollten nur eine „leichte" Bergtour machen. Ein plötzlicher Wettersturz überraschte sie. Schneestürme nahmen ihnen die Sicht. Sie irrten umher, bis sie sich ermattet hinsetzten und erfroren.

Tätigkeitsbericht der Bergwacht des Bayerischen Roten Kreuzes im bayer. Alpengebiet

	1951/52	1960	1970		1951/52	1960	1970
Bergunfälle	1551	168	1962	Skiunfälle	3971	8728	9925
Vermißtensuchen	65	96	158	Blinde Alarme	94	115	211

4. *Warum schließen sich selbst erfahrene Bergsteiger bei schwierigeren Touren zu Seilschaften zusammen? —* **5.** *Ein Bergführer sagte einmal: „Mut ohne Vernunft ist Tollkühnheit und damit Dummheit!" Hatte er recht? —* **6.** *Für Bergsteiger gilt die Regel, daß sie in ihrer Unterkunft Ziel und Weg hinterlassen und sich auf Hütten und in Gipfelbüchern mit Zeit und Stunde ihrer Ankunft einschreiben. Welchen Sinn hat diese Regel?*

Lawinen drohen im Winter. Besonders nach starkem Neuschnee lösen sich an steilen Hängen häufig größere Schneemassen und fegen auf dem Altschnee zu Tal. Schon der Luftdruck, der solchen Staublawinen vorangeht, entwurzelt Bäume und zerstört Häuser. Noch verheerender aber sind Grundlawinen. Sie entstehen bei Tauwetter, wenn sich die Schneedecke vom Boden löst. Sie reißt Schutt, Felsbrocken und Bäume mit. Wer in eine solche Grundlawine gerät, ist rettungslos verloren. Die Alpenbewohner kennen die besonders gefährdeten Stellen, die Lawinengassen. Der „Bannwald" an solchen Stellen darf nicht geschlagen werden. Durch Aufforstung und Lawinenverbauung sucht man Siedlungen und Verkehrswege zu schützen.

7. *Was bedeutet der Name „Bannwald"? —* **8.** *Erkläre die Wirkung der Lawinenverbauung auf Abb. 8! —* **9.** *Warum werden nach Neuschnee viele Hänge für den Skilauf gesperrt?*

Steinschlag, Verwitterung, Staub- und Grundlawine, Bannwald, Lawinenverbauung

Abb. 8 Lawinenverbauung

5. Gletscher in Skandinavien

Nigardsbre, Neun-Höfe-Gletscher, heißt ein Gletscher in Norwegen. Er ist ein kleiner Teil des Jostedalsbre, des größten Gletschers auf dem europäischen Festland. Vor gut 200 Jahren rückte das Eis im Tal des Nigardsbre vor und schob sich über neun Bauernhöfe hinweg bis fast zum Talende vor. Die dünne Bodendecke wurde abgehobelt, der darunter liegende Fels blank geschliffen. Wo früher Menschen lebten, Schafe und Rinder weideten, lag für mehr als 100 Jahre blau-grünes Eis. Heute hat sich der Nigardsbre schon wieder um gut 5 km zurückgezogen. Ein kleiner Hügelrücken, der quer durch das Tal läuft, zeigt jedoch noch immer die äußerste Grenze dieses Eisvorstoßes. Der Rücken wurde von dem Eis aus mitgeführten Steinen zusammengeschoben. Es wachsen schon kleine Birken auf ihm.

1. *Suche auf der Karte im Atlas den Jostedalsbre! Welche Höhe erreicht er?*

Wie Gletscher entstehen, warum sie vor- und zurückgehen, wollen wir klären:

Das Nährgebiet der Gletscher liegt oberhalb der Schneegrenze. Hier entsteht, wie wir schon gehört haben (s. Kap. IV/3) aus Neuschnee Firn und schließlich Eis. Die Eisschichten werden unter dem Druck der auf ihnen lastenden Firn- und Schneemassen plastisch. Wie ein zäher Teig fließen sie am Untergrund talwärts ab. In den Alpen sammeln sich Schnee und Eis zwischen den Bergspitzen und Graten in großen Firnmulden. Diese Firnmulden sind das Nährgebiet der Talgletscher. In Norwegen dagegen überdecken Schnee-, Firn- und Eismassen ganze Bergrücken und Hochflächen. Solche Gletscher nennt man Plateaugletscher. Sie sind das Nährgebiet für die nach verschiedenen Seiten abfließenden Talgletscher.

Das Zehrgebiet der Gletscher sind die Talgletscher. Sie liegen unterhalb der Schneegrenze. Der im Winter gefallene Schnee taut schon im Frühjahr wieder ab. Die Sommerwärme zehrt an dem blanken Eis. Je tiefer es durch den Druck der aus dem Nährgebiet nachfolgenden Eismassen geschoben wird, um so mehr taut ab. Schließlich reicht der Nachschub nicht mehr aus, um das abgetaute Eis zu ersetzen. Der Gletscher kommt zum Stillstand.

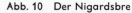

Abb. 9   Gletscherrückgang am Nigardsbre in Norwegen   Abb. 10   Der Nigardsbre

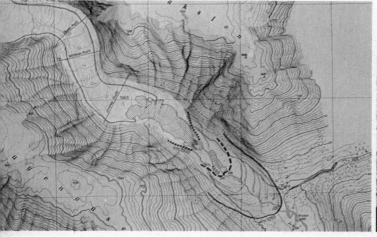

2. Der Jostedalsbre bedeckt eine Fläche von über 800 km². Vergleiche mit der Größe deines Heimatkreises! — **3.** In welcher Höhe endet der Nigardsbre (s. Abb. 9)? — **4.** Schätze nach der Karte (Abb. 9) die Höhe der Schneegrenze! Zwischen welchen Höhen liegt also das Nährgebiet, zwischen welchen das Zehrgebiet des Nigardsbre? Beachte dazu die Aufgaben 1 und 3! — **5.** Überlege! Wie wirkt es sich auf einen Gletscher aus, wenn eine Reihe von kalten und schneereichen Wintern aufeinander folgt und auch die Sommer kühl sind? — **6.** In den Alpen sind in den letzten Jahrzehnten die Gletscher immer kleiner geworden. Was schließt du daraus auf das Klima?

Gletscherspalten zeigen uns, daß das Eis in Bewegung ist, obwohl es wie tot daliegt. Am Rande eines Talgletschers fließt es langsamer, in der Mitte schneller. An Engstellen des Tales wird das Eis zusammengepreßt, an Steilstufen auseinandergerissen. Durch diese unterschiedlichen Bewegungen entstehen Spalten, die oft 30—40 m tief sein können. In solchen Spalten versickert das Tauwasser. Unter dem Eise sammelt es sich und fließt zum Gletscherende, der Gletscherzunge. Dort tritt es durch das Gletschertor als reißender Bach zutage.

Moränen nennt man alles feste Material, das ein Gletscher auf seinem Weg mitnimmt. Das Eis wirkt wie ein Hobel. Es löst Steine und Felsbrocken. Von den steilen Hängen fällt Schutt auf seine Ränder. Ein Teil wird auf dem Grunde des Gletschers zu Ton und Sand zerrieben. Der Rest wird weiter mitgeführt, dabei abgeschliffen und schließlich vor der Gletscherzunge abgesetzt. Hier entstehen oft kleine Wälle aus Felsblöcken, Steinen, Sand und Kies, die Endmoränen. Diese können, wie uns Abb. 9 zeigt, nach einem Rückgang des Gletschers das abfließende Wasser zu Seen aufstauen.

7. Weshalb kann man noch heute feststellen, wie weit der Nigardsbre um 1850 vorgestoßen ist? Beachte die letzten Sätze der Einleitung! — **8.** Warum ist es im Winter besonders gefährlich, Gletscher zu überqueren?

Nährgebiet, Firnmulde, Plateaugletscher, Zehrgebiet, Talgletscher, Gletscherspalte, Gletscherzunge, Gletschertor, Moräne, Endmoräne

Abb. 11 Gletschertor am Nigardsbre   Abb. 12 Endmoränenwälle des Nigardsbre (1930)

Abb. 13   Das Almgebiet bei Fügen im Zillertal/Tirol

6. Almwirtschaft in Tirol

1. *Suche auf einer Atlaskarte das Zillertal in Österreich!*

Im Zillertal verbringt Walter mit seinen Eltern die Sommerferien. Sie wohnen schon mehrere Tage in einer Pension in Fügen. Auf Spaziergängen hat er bereits das Dorf und seine Umgebung kennengelernt. Aufgefallen ist ihm dabei das saftige Grün der Wiesen im Tal. Es gibt nur wenige Felder mit Mais oder Kartoffeln. Selbst die Fichtenwälder an den Berghängen werden oft an weniger steilen Stellen von Bergwiesen mit Bauernhöfen unterbrochen. Aufgefallen ist Walter noch, daß nirgendwo Kühe weiden. Auch die Ställe der Bauernhöfe sind leer. Auf den Wiesen aber mähen die Bauern das Gras und trocknen es zu Heu. Wozu das viele Heu, wenn kein Vieh da ist? Er fragt seinen Vater. Der sagt, daß die Kühe zur Zeit auf den Almen weiden. Er verspricht ihm, eine Alm zu besuchen.

Die Kegelalm ist das Ziel ihrer nächsten Bergwanderung. In Kehren windet sich eine schmale asphaltierte Straße aufwärts. Nach 15 km haben sie die Alm erreicht. Wohngebäude und Stall sind leer. Von der Höhe hören sie das Geläute von Kuhglocken. Dort stehen nochmals drei Gebäude, ebenso wie die unteren aus Holz gebaut. Zu Fuß steigen sie dann hinauf. Endlich sind sie an den Almhütten. Als sie dort den Melker fragen, sagt er ihnen, daß er 48 Kühe hier oben habe. Nachdem er ihnen ein Glas Milch angeboten hat, beantwortet er weitere Fragen. Erst seit drei Tagen sei er auf dem Mittelleger, so nenne man diese Stufe der Alm. Mit ihm sei ein Hüter oben. Dieser müsse auf das Vieh achten, vor allem darauf, daß es sich nicht im Gebirge versteige und abstürze. Er selbst habe morgens und abends die Kühe zu melken und für die Kühlung und den Abtransport der Milch zu sorgen. Der Hüter sei zur Zeit auf dem Hochleger. Dort weide jetzt das Jungvieh, die Kälber und Rinder, die noch keine Milch geben. Außerdem müsse der Hüter dort oben das Heu einbringen. Auch hier auf dem Mittelleger sei ein eingezäuntes Stück Wiese. Das Heu brauche man, da manchmal Unwetter hereinbrächen, ja sogar Schnee falle. Dann müsse das Vieh im Stall gefüttert werden.

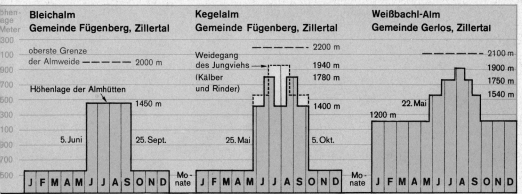

Bleichalm Gemeinde Fügenberg, Zillertal	Kegelalm Gemeinde Fügenberg, Zillertal	Weißbach-Alm Gemeinde Gerlos, Zillertal

Abb. 14 Weidegang auf verschiedenen Almen

„Wie lange bleiben Sie hier oben?" möchte der Vater wissen. „Etwa 3 Wochen", ist die Antwort, „aber wir waren schon einmal hier. Als abgeweidet war, gingen wir wieder zum Niederleger hinab, wo in der Zwischenzeit das Gras nachgewachsen war. In einigen Tagen wird das Jungvieh schon nach unten getrieben. Am 5. Oktober geht es dann mit dem ganzen Vieh hinunter ins Zillertal. 5 Stunden brauchen die Tiere für den Abtrieb zum Heimgut in Fügen. Dort weiden sie — wie im Frühjahr — noch einige Zeit auf den Talwiesen."

Die Milch wird im Tal verarbeitet, erfährt Walter. Alle Bauern von Fügen haben sich zu einer Genossenschaft zusammengeschlossen und eine große Sennerei gebaut. In ihr wird nur Emmentaler Käse hergestellt. Täglich wird die Milch von den Almen in Tankwagen abgeholt und nach Fügen zur Sennerei gebracht. Möglich ist das erst, seit zu allen Almen befestigte Straßen führen. Früher hat jede Alm selbst Käse hergestellt. Damals waren auf der Kegelalm ständig vier Personen beschäftigt, ein Senner für die Käseherstellung, zwei Melker, die auch dem Senner halfen, und ein Hüter. Heute arbeiten in der Sennerei in Fügen sieben Personen, die jährlich 4,5 Mill. l Milch zu 340000 kg Käse verarbeiten — Milch von mehr als 1000 Kühen!

2. *Wieviel Stufen hat die Kegelalm? Wie werden sie genannt? Suche sie in Abb. 13!*
3. *Beschreibe nach der Abb. 14 den Weidegang der Kühe und des Jungviehs auf der Kegelalm! Wann hat Walter die Alm besucht?* — **4.** *Wovon hängt auf der Kegelalm die Nutzung der verschiedenen Leger ab?* — **5.** *Weshalb werden die Leger der verschiedenen Almen unterschiedlich genutzt (s. Abb. 14)? Denke an Höhenlage, Lage des Hanges zur Sonne, Hangneigung, Boden und Zahl des aufgetriebenen Viehs!* —
6. *Wie kam es zu der Käseherstellung auf den Almen? Denke an die Möglichkeiten für den Ackerbau in den Alpen, an den Absatz von Milcherzeugnissen und an die Haltbarkeit von Frischmilch, Butter und Käse!*

Almwirtschaft, Alm (Nieder-, Mittel- und Hochleger), Senner, Melker, Hüter, Sennerei

Abb. 15/16 Kegelalm (links) und Sennerei bei Fügen im Zillertal/Tirol   IV **13**

Abb. 17 Serfaus im Oberinntal. Beachte die älteren Häuser um die Kirche!

7. Ein Alpendorf wird zum Fremdenverkehrsort

Rund 500 m über dem Oberinntal — zwischen Landeck und dem Reschenpaß — liegt in 1430 m Höhe auf einer buckligen Hochfläche das Bergbauerndorf Serfaus. Bis auf 3000 m Höhe steigen die umliegenden Berge an. Nach Süden jedoch liegen die Berggipfel — jenseits des tief eingeschnittenen Inntals — in einem solchen Abstand, daß die Sonne ungehindert einstrahlen kann. Da auch die Tage mit Niederschlag und die Dauer der Bewölkung verhältnismäßig gering sind, hat man diese Hochfläche auch „Sonnenterrasse Tirols" genannt.

Viehzucht und Ackerbau waren bis vor 20 Jahren noch die fast einzige Lebensgrundlage der Bewohner. In ungünstigen Jahren führten frühzeitige Nachtfröste jedoch oft zu Mißernten. Die zunehmende Bevölkerung brachte weitere Schwierigkeiten. Es wurden mehr Kinder geboren, als Menschen starben. Beim Tode eines Bauern wurde das ihm gehörende Land unter alle seine Kinder gleichmäßig aufgeteilt. Selbst die Häuser und Ställe wurden geteilt. So hatte zwar jeder Wohnung und etwas Land. Es reichte jedoch bei sorgfältigster Bearbeitung nicht mehr für den Lebensunterhalt.

Einwohnerzahlen von Serfaus

Jahr	1615	1750	1800	1850	1900	1910	1951	1961	1967	1973
Einwohnerzahl	582	1116	788	719	577	432	665	710	782	852

1. Bestimme nach den im Text gegebenen Angaben auf einer Atlaskarte die Lage von Serfaus! — **2.** Die Karte Abb. 18 nennt Namen, die auf eine Form der Viehwirtschaft der Alpen hinweisen. Schreibe diese Namen heraus! — **3.** Zeitweise wurden in den Bergen Erze, vor allem Kupfererze, abgebaut. Welcher Name auf der Karte Abb. 18 erinnert noch daran? — **4.** Erschließe aus den Einwohnerzahlen, um welche Zeit der Erzbergbau seinen Höhepunkt hatte!

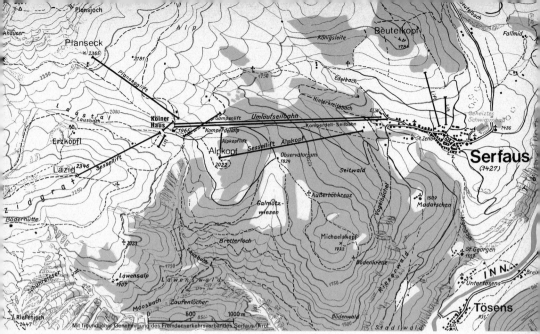

Abb. 18 Serfaus und sein Skigebiet

Die Bevölkerungszunahme zwang viele Männer, im Sommer in der Schweiz oder in Deutschland als Handwerker Arbeit zu suchen. Die Frauen versorgten derweil das Vieh und bearbeiteten die Felder! In einem Heimatbuch über Serfaus wird berichtet:

„In manchen Familien war im 18. und 19. Jahrhundert die Not so groß, daß auch die Kinder in die Fremde ziehen mußten. Aus dem Oberinntal zogen jährlich 600 bis 700 Kinder den Sommer über ins Schwabenland. Auch von Serfaus waren durchschnittlich 20 bis 30 Kinder dabei. Um Josephi (19. März) versammelten sich die Buben und Mädchen um einen älteren Mann oder eine wegekundige Frau, die sogenannte Schwabenmutter. Diese übernahm gegen einen Führerlohn den Auftrag, die Kinder ins Schwabenland zu bringen, ihnen beim Abschluß des Dienstvertrags zu helfen und am vereinbarten Spätherbsttag (meistens am 28. Oktober) wieder zur Heimreise abzuholen. Die Kinder zogen dann über den Arlberg, durch Vorarlberg nach Friedrichshafen oder Ravensburg. Eine Reise dauerte 12 bis 14 Tage. In Friedrichshafen oder Ravensburg wurden die Kinder auf den Markt gestellt und an die dort versammelten schwäbischen Bauern gegen ordentliche Verpflegung, ein Kleid und einen Lohn von 2 bis 4 Gulden verdungen, die Mädchen als Kinds- oder Dienstmagd, die Knaben als Gänse-, Schweine- oder Pferdehirt. Es kam vor, daß das eine oder andere dieser Kinder nach dritter oder vierter Wanderung auf einmal im Herbst ausblieb und seine Eltern wissen ließ, daß es bei seinem Bauern geblieben sei, weil es ihm gut gehe."

5. *Nenne Gründe dafür, daß aus Serfaus und anderen Dörfern des Oberinntals Männer und Kinder während des Sommers in der Fremde arbeiteten und Menschen auswanderten!* — **6.** *Wann (s. Tabelle Seite 14) wanderten besonders viele Menschen aus?*

Der Fremdenverkehr brachte eine Besserung. Schon seit vielen Jahren hatten vereinzelt Menschen aus den Städten in Serfaus Erholung gesucht, hatten im Sommer Bergtouren unternommen oder waren im Winter nach beschwerlichem Aufstieg mit Skiern die Hänge hinabgeglitten. Aber erst die Erschließung der Berge durch Seilbahn und Lifte hat das Dorf verändert! Das zeigen die folgenden Abbildungen und die Tabelle. Serfaus wurde zu einem Ort für Ferienerholung.

Eröffnung von Fremdenverkehrseinrichtungen in Serfaus

1929   Eröffnung des Kölner Hauses (1965 m) durch den Alpenverein
1953   Eröffnung der ersten Seilbahn zum Kölner Haus (Transportfähigkeit 150 Personen täglich)
1958   Ersatz der Gondelbahn durch die Komperdell-Kabinenbahn (von 1446 auf 1976 m Höhe, 250 Personen stündlich) zum Kölner Haus
1961   Schlepplifte Gampen (1850—1958 m, 720 Personen stündlich) und Plansegg (1946—2377 m, 300 Personen stündlich) beim Kölner Haus
1964   Beheiztes Freischwimmbad und Tennisplätze
1966   Sessellift Alpkopf (1422—2022 m, 350 Personen stündlich)
1967   Schlepplift Alpkopf (1920—2050 m, 200 Personen stündlich)
1969   Hallenschwimmbad mit Sauna
1970   Übungslift und Doppelsessellift Lazid (1951—2353 m, 800 Personen stündlich)
1973/74 Einseilumlaufbahn (Kabinenbahn) zum Kölner Haus (1443—1980 m, 1200 Pers. stdl.)

Auch das Dorf hat sich vollständig verändert. Hotels, Pensionen und Gaststätten entstanden. Mancher Bauer hat die Landwirtschaft vollständig aufgegeben. Er ist heute Hotelbesitzer oder Pensioninhaber. Andere haben ihr Haus ausgebaut und betreiben nur etwas Landwirtschaft nebenbei. Fast alle vermieten einige Zimmer an Fremde. Nur mehr 10 Bauern leben allein von der Landwirtschaft. Von den heute 76 landwirtschaftlichen Betrieben sind nur diese 10 noch Vollerwerbsbetriebe. So nennt man Betriebe, in denen die Bauern nur von der Landwirtschaft leben.

Abb. 19   Die Entwicklung der Landwirtschaft und des Fremdenverkehrs in Serfaus

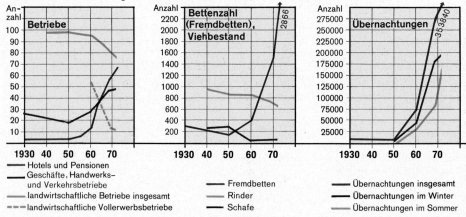

7. *Stelle aus Abb. 19 fest, welche Berufsgruppen ab- und welche zugenommen haben!* —
8. *Auf Ferienreisen hast du sicher schon Berufe kennengelernt, die ausschließlich im Fremdenverkehrsgewerbe arbeiten. Welche Berufe sind durch den Fremdenverkehr in Serfaus neu hinzugekommen?* — 9. *Nenne Geschäfte, die ausschließlich oder fast ausschließlich von Fremden aufgesucht werden! Denke dabei auch an den Wintersport!* —
10. *Im Winter 1972/73 arbeiteten in Serfaus 320 Auswärtige. In welchen Berufen werden sie vorwiegend tätig sein?* — 11. *Von je 100 Besuchern des Ortes kamen im Winter 1972/73 95 aus dem Ausland, die meisten davon aus der Bundesrepublik Deutschland, viele aber auch aus den Niederlanden. Miß die Entfernung! Wie lange werden sie bei der weiten Anreise mindestens bleiben? Vergleiche mit Winterberg!*

Bergbauern, Bevölkerungsentwicklung, Fremdenverkehr, Seilbahn, Sessellift, Schlepplift, Vollerwerbsbetrieb, Nebenerwerbsbetrieb, Ferienerholung

Der Mensch nutzt den Boden

SCHÄFER · WELTKUNDE 5./6. Schulahr. Unterrichtsreihe V. Best.-Nr. 21505. Ferdinand Schöningh, Paderborn

1. Wir untersuchen unseren Ackerboden

1. *Beschreibe Abbildung 1!*

Sabine und Frank haben im Unterricht über unterschiedliche Schichten im Boden unserer Äcker und Gärten gesprochen. Nun wollen sie sich davon überzeugen, ob es auch im eigenen Garten den dunklen Mutterboden und den helleren Rohboden gibt. Frank holt einen Spaten und beginnt neben den Erdbeeren zu graben.

Im schwarz-braunen Mutterboden kommt er gut voran. Der Boden ist locker und hat einen angenehm kräftigen Erdgeruch. Mit jedem Spatenstich bringt Frank ein Geflecht mittlerer bis feiner Wurzelfasern an die Oberfläche. Sabine erinnert sich, daß die Pflanzen aus dieser Bodenschicht ihre Nährstoffe holen. Sie nimmt einen Bodenklumpen in die Hand und zerbröckelt ihn langsam. Deutlich kann sie halb verfaulte Blätter, kleine Stengel und abgestorbene Wurzelreste erkennen. Gerade hat Frank auch einen toten Regenwurm ausgegraben. Aus diesen verwesenden Pflanzen- und Tierresten entsteht Humus. Er färbt den Rohboden dunkel und ist Grundlage für die Nährstoffe im Boden. Nach 30 cm wird das Graben mühseliger. Der Boden wird fester und feuchter.

Der gelblich-rötliche Rohboden kommt ans Tageslicht. Frank nimmt eine Probe zwischen Daumen und Zeigefinger. Der Boden haftet am Finger und schmiert. „Das ist Lehm", erklärt der Vater, der eben hinzutritt. „Wenn du ihn vorsichtig zerreibst, kannst du einzelne harte Sandkörnchen und feine Tonteilchen deutlich unterscheiden. Lehm ist eine Mischung aus Sand und Ton."

2. *Zeichne das Bodenprofil von Sabine und Frank! Es ist anders als das von Abb. 1. —*
3. *Untersuche den Boden in eurem Garten oder auf einem Acker! Miß die Stärke des Mutterbodens! Versuche mit der Fingerprobe die Art des Bodens zu bestimmen! Zeichne das Bodenprofil!*

Bodenprofil, Humus, Mutterboden, Rohboden, Lehm, Sand, Ton

Abb. 1 Bodenprofil eines Ackers

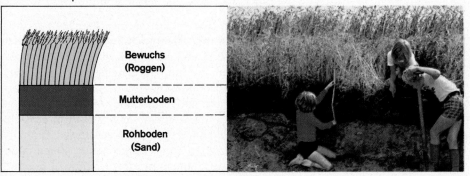

Bewuchs (Roggen)

Mutterboden

Rohboden (Sand)

0	10	20	30	40	50	60	70	80	90	100	**Anteile wichtiger Feldfrüchte**
Roggen	Weizen		Gerste	Kartoffeln	Zuckerrüben		andere Nutzpflanzen				**auf 100 ha Ackerland**

Abb. 2/3   Soester Börde

2. Ackerbau in den Börden

*1. Beschreibe die Luftaufnahmen und grafischen Darstellungen und vergleiche sie!
Fasse die wichtigsten Merkmale der Börde zusammen! — 2. Suche die Soester Börde
und die Emssandebene im Atlas! Orientiere dich an den Städten Soest und Warendorf!*

Der Hof des Bauern Luhmann liegt mitten im Dorf an der Straße nach Soest. Das
langgestreckte Hauptgebäude ist ein alter Fachwerkbau. Es vereinigt Wohnräume,
Stallung und Bodenspeicher unter einem Dach. In der neueren Scheune und einem
kleinen Schuppen sind die zahlreichen landwirtschaftlichen Maschinen untergestellt.
Mit 25 ha Ackerland ist der Hof mittelgroß. Er wird von Bauer Luhmann, seiner Frau
und seinem Sohn als Familienbetrieb bewirtschaftet.

Die wichtigsten Feldfrüchte sind hier Weizen (12 ha) und Zuckerrüben (17 ha).
Sie verlangen einen nährstoffreichen Boden, der zur Wachstumszeit ausgeglichen
warm und mäßig feucht sein soll. Neben dem Ackerbau mästet Bauer Luhmann
20 Rinder. Sie bleiben das ganze Jahr über im Stall und erhalten dort ihr Futter.
Die Erträge in der Börde sind mit 42 dz/ha (Doppelzentner pro Hektar) bei Weizen
und mit 500 dz/ha bei Zuckerrüben die höchsten in Deutschland. Außerdem erzielen
Weizen und Zuckerrüben gute Preise. So verdient Bauer Luhmann nicht schlecht,
und er konnte seinen Hof mit neuen Geräten (Sämaschine, Düngerstreuer, Traktor),
einer neuzeitlichen Küche und einer Zentralheizung modernisieren. Einen Mähdrescher und einen Rübenvollernter hat er zusammen mit drei Nachbarn gekauft.

V 2

Abb. 4/5 Emssandebene

Die Feldarbeit beginnt im Herbst mit Pflügen, Eggen und Kunstdüngen. Bereits jetzt wird der Weizen gesät. Der Same keimt noch im Herbst. Während der Winterzeit wird das Wachstum unterbrochen. Im Frühjahr und Sommer des folgenden Jahres wächst dieser Winterweizen zur Reife heran und wird im Juli mit dem Mähdrescher geerntet.

Die Zuckerrüben erfordern bis zur Aussaat die gleichen Arbeitsgänge, nur sät man im Frühjahr und erntet im Herbst desselben Jahres. Früher erforderte die Pflege der Rübenfelder sehr viel Zeit. Das Unkraut mußte 4—5 mal mit der Handhacke entfernt werden. Die überzähligen Rübenpflanzen wurden einzeln mit der Hand herausgezogen. Heute wird das Unkraut mit Spritzmitteln vernichtet. Aus neu gezüchteten Samenkörnern, die in gleichen Abständen gesät werden, wächst nur noch eine Pflanze. Insgesamt mußte Familie Luhmann früher 80 Arbeitstage für die Pflege der Rübenfelder aufbringen. Heute sind es nur noch 16 Tage.

Die Zuckerrübenernte setzt Ende September ein. Bauer Luhmann fährt mit seinem Rübenvollernter über die Felder. Sein Sohn transportiert die Rüben mit dem Traktor zur Zuckerfabrik nach Soest.

3. Auf Abb. 7 kannst du Genaueres über die Arbeit des Vollernters erkennen. Beschreibe, wie er arbeitet! — 4. Vergleiche die Tätigkeiten beim Zuckerrübenanbau früher und heute! Ordne den Arbeitsgängen die entsprechenden Maschinen zu! — 5. Verfolge anhand der Schemazeichnung Abb. 6, wie die Zuckerrübe und ihre Produkte verwertet werden! Beginne auf dem Rübenfeld!

V 3

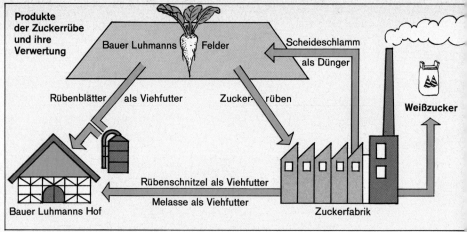

Abb. 6   Produkte der Zuckerrübe und ihre Verwertung

Der Boden der Soester Börde entstand aus Löß. Das ist ein feiner, fast mehliger, gelber Staub, den nördliche Winde hier anwehten. Im Lößboden gibt es viele kleine Hohlräume, in denen das Regenwasser rasch versickert. Gleichzeitig wird es hier aufgehalten und kann bei Trockenheit wieder zu den Wurzeln der Pflanzen aufsteigen. So ist der Boden stets mäßig feucht.
Die Wurzeln können durch die Hohlräume tief in die obere Schicht des Lößbodens eindringen. Beim Absterben bildeten die Pflanzenreste dunklen Humus. Die mit Humus angereicherte Schicht ist in der Soester Börde bis zu 1 Meter mächtig.

6. *Warum baut Bauer Luhmann Weizen und Zuckerrüben an? Zeichne das Bodenprofil des Lößbodens! Denke an die Verdienstmöglichkeiten! Beachte die Produkte der Zuckerrübe! Ist viel Handarbeit notwendig? —* **7.** *Suche folgende Lößlandschaften im Atlas und trage sie in die Skizze im Schülerarbeitsheft ein: Erft-Niederung, Soester Börde, Braunschweiger Börde, Magdeburger Börde, Leipziger Börde, Thüringer Becken, Wetterau, Kraichgau, Kaiserstuhl, Ries, Dungau.*

Börde, Löß, Zuckerrübe, Winterweizen

Abb. 7   Rübenernte mit dem Vollernter

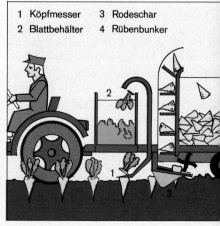

1 Köpfmesser   3 Rodeschar
2 Blattbehälter 4 Rübenbunker

V 4

3. Der Ertrag des Ackers hängt vom Wetter ab

Abb. 8 Liegendes Getreide (Lagergetreide)

1. Beschreibe Abb. 8! — **2.** Warum ist es ungünstig, wenn das Getreide am Boden liegt? — **3.** Nenne andere Wetterschäden, die die Erträge mindern! — **4.** Stelle dir einmal vor, du wärest Landwirt in der Nähe von München und müßtest entscheiden, welche Pflanzen auf deinen Äckern wachsen sollen. Begründe kurz, daß deine Entscheidung von folgenden Faktoren abhängt: Bodengüte, Niederschläge, Temperaturen, Wünsche der Verbraucher. — **5.** Auf die Temperaturen mußt du besonders achten, da du sie nicht verändern kannst. Zeichne nach den Werten der Station München eine Klimakurve! Ziehe eine waagerechte Linie in Höhe der Temperatur von 5° C! Bei dieser Durchschnittstemperatur beginnt die Wachstumszeit der Pflanzen. Welche Monate umfaßt die Wachstumszeit? Kennzeichne die Frostmonate (Durchschnittstemperatur unter 0° C) und die frostgefährdeten Monate (Durchschnittstemperatur 0° bis 5° C)! — **6.** Welche Nutzpflanzen der Tabelle kannst du, gemessen an diesen Temperaturwerten, mit Aussicht auf eine gute Ernte anbauen?

München
520 m ü. M.

Monat	J	F	M	A	M	J	J	A	S	O	N	D	Jahr
Temperatur (°C)	–2	–1	3	7	12	15	17	16	13	7	3	–1	7

Wachstumsbedingungen wichtiger Nutzpflanzen				
Winterweizen	Reis	Zuckerrübe	Weinrebe	Kartoffel
9–10 Monate Wachstumszeit mit Winterpause	3–4 Monate Wachtumszeit	6–7 Monate Wachstumszeit	6–7 Monate Wachtumszeit	6 Monate Wachstumszeit
verträgt Frost nach der Keimung	sehr frostempfindlich	frostempfindlich	sehr frostempfindlich	frostempfindlich bevorzugt 7°–15° Durchschnitts-
4 Monate über 10° Durchschnittstemperatur	20° Durchschnittstemperatur zumWachstumviel Wasser	4 Monate über 10° Durchschnittstemperatur	9° Jahresdurchschnittstemperat. bei der Reife viel Sonne	temperatur sehr anpassungsfähig

6. Du kannst die Aufgaben 5 und 6 auch mit den Temperatur- und Niederschlagswerten deines Heimatortes lösen! — **7.** Kennst du Einrichtungen, die den Pflanzenanbau vom Wetter unabhängig machen? Beschreibe sie!

Wachstumszeit, Frostmonate, Nutzpflanze

4. Auf einer amerikanischen Weizenfarm

Frank darf in den großen Ferien Onkel Ben auf der Wide-Valley-Farm westlich von Grand Forks im Staate Nord-Dakota besuchen. Nach einem Direktflug von Frankfurt über den „Großen Teich" wird er in New York von Onkel Ben begrüßt. Gemeinsam fliegen sie weiter nach Duluth am Oberen See. Frank hat den erhofften Fensterplatz und schaut erwartungsvoll auf das Land hinunter. Hinter dem Michigan-See fallen ihm die großen Ackerflächen und die schnurgeraden Straßen auf. „Wie ein riesiges Schachbrett," platzt er heraus. „Diese Gliederung stammt noch aus der Zeit der ersten Siedler," erklärt Onkel Ben, „als das ungenutzte Land vermessen und aufgeteilt wurde. Früher breiteten sich hier weite Grasländer aus, die man Prärie nannte. Die Siedler pflügten den Boden und erzielten vor allem reiche Weizenernten. So wurden aus den Siedlern Weizenfarmer, die nur Weizen anbauten. Eine solche einseitige Anbauform nennt man Monokultur. Die dunkleren Streifen sind übrigens unbebaute Felder. Wir haben sie im vorigen Herbst nicht gepflügt. So kann sich der Boden erholen, und das rasch wachsende Gras hält die Ackerkrume fest. Früher hat der Wind den ausgetrockneten Boden weggeweht und großen Schaden angerichtet."

Inzwischen landet die Maschine in Duluth. Hier besitzt der Farmer ein Haus am See mit einem gutgehenden Restaurant. Nach kurzem Besuch fahren sie mit dem Auto nach Westen an riesigen Weizenfeldern vorbei. Schließlich erreichen sie einen flachen Hügel: Vor ihnen liegt die Farm.

1. Verfolge auf der Atlaskarte den Weg Peters nach Duluth! Lege den ungefähren Standort der Farm fest! — 2. Beschreibe die Gebäude der Farm nach Abb. 9! Sprich über die Größe der Felder! Erkläre die unbebauten Ackerstücke!

Abb. 9 Weizenfarm

Abb. 10   Weizenernte in USA

Die Ernte beginnt am frühen Morgen. Der Sommerweizen ist reif. Onkel Ben hat ein Unternehmen beauftragt, das mit sieben Mähdreschern in zwei Tagen alle Felder aberntet. „In meinem Betrieb wird alles mit Maschinen gemacht. Meine 150 ha kann ich mit einem mehrscharigen Pflug in zwei Tagen pflügen und mit einer großen Sämaschine in drei Tagen einsäen. Übrigens verkaufe ich den größten Teil der Ernte auf dem internationalen Weizenmarkt in Duluth. Dort werden im Getreidehafen vor allem Frachter aus England, Japan und Deutschland mit Weizen beladen."

3. Beschreibe die Ernte des Sommerweizens nach Abb. 10! Wo wird das Getreide zunächst gelagert (s. Abb. 9)? Verfolge im Atlas den Weg eines Frachters von Duluth nach Hamburg! — 4. Wann kann der Sommerweizen (5 bis 6 Monate Wachstumszeit) gesät und geerntet werden? Vergleiche Sommerweizen und Winterweizen!

Station Grand Forks 48° n. B. 97° w. L.	Monat	J	F	M	A	M	J	J	A	S	O	N	D	Jahr
	Temperatur (°C)	−11	−6	3	8	12	18	21	20	15	2	−4	−9	6°
	Niederschl. (mm)	20	14	34	55	73	77	45	39	34	30	25	24	39

„Wie eine Weizenfabrik erscheint mir deine Farm," äußert Frank nach dem Essen Onkel Ben lacht: „Ja, ich produziere nur Weizen in möglichst wenig Arbeitsstunden ohne festangestellte Hilfskräfte. Auch wenn ich nur 17 dz/ha ernte, ist der Gewinn recht hoch. Sicher," fügt er nachdenklich hinzu, „wenn man nur eine Frucht anbaut, hat das auch Nachteile. Wenn zuviel Weizen angeboten wird, muß ich mit Verlust verkaufen. Schädlinge oder ungünstiges Wetter können eine ganze Ernte vernichten. Außerdem wäre es für den Boden gut, wenn noch andere Früchte angebaut würden. Vielleicht werde ich im nächsten Jahr Rinder im Stall mästen. Dann muß ich auf einem Drittel meiner Felder Mais, Rüben und Klee als Viehfutter anbauen.

5. Nenne Vor- und Nachteile der Weizenmonokultur! — 6. Zeichne den Plan einer Farm mit Weizenäckern, unbebauten Flächen und Futterbaufeldern! — 7. Vergleiche die Weizenfarm mit dem Hof in der Börde!

Prärie, Farm, Sommerweizen, Monokultur

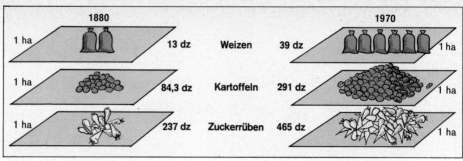

	1880		1970	
1 ha	13 dz	Weizen	39 dz	1 ha
1 ha	84,3 dz	Kartoffeln	291 dz	1 ha
1 ha	237 dz	Zuckerrüben	465 dz	1 ha

Abb. 11   Der Ernteertrag von Weizen, Kartoffeln und Zuckerrüben 1880 und 1970

5. Mehr Nahrung durch Mineraldünger

1. *Was sagen die Zahlen und Zeichnungen aus? Welche Frage ergibt sich? Der folgende Text und die Abbildungen helfen bei der Beantwortung.*

Magere Ernten beunruhigten vor 150 Jahren viele deutsche Bauern. Zuerst wollten die Erbsen nicht mehr gedeihen, dann kümmerten die Kartoffeln, und am Ende stand auch das Korn schlecht. Manche glaubten damals, daß der Boden seine Lebenskraft verloren habe. Andere meinten, man müsse nur genügend Mist und Jauche auf den Acker bringen, um ihn wieder fruchtbar zu machen. Woher sollte aber so viel Naturdünger kommen?
Noch gab es keine Hungersnot. Die wachsende Bevölkerung aber brauchte immer mehr Nahrung.

Ertragssteigerung war notwendig. Diese Frage beschäftigte auch den Chemieprofessor Justus von Liebig. Nach vielen Versuchen im Labor fand er heraus, welche Nährstoffe die Pflanzen dem Boden entziehen. Zwei dieser Nährstoffe entdeckte er in großen Mengen als Abfall bei unseren Salzbergwerken. Es waren Kalisalze und Kalk. Noch viele Jahre dauerte es, bis die Bauern den neuen Mineraldünger richtig anwenden konnten. Dann aber stiegen die Erträge stetig an. Seitdem ist die Landbautechnik weiter verbessert worden. Handgeräte oder Zugtiere gibt es kaum noch. Maschinen und Traktoren sind an ihre Stelle getreten. Sie erledigen die Arbeiten in viel kürzerer Zeit. Pflanzenschädlinge, früher der Schrecken der Bauern, werden heute mit Chemikalien erfolgreich bekämpft.

V **8**   Abb. 12   Weizen auf gedüngtem und ungedüngtem Feld

Das Saatgut stammt nicht mehr aus der eigenen Ernte. Staatliche Versuchsbetriebe züchten immer bessere Sorten, die widerstandsfähiger gegen Schädlinge, Krankheiten und ungünstige Witterung sind.

2. Stelle die Gründe für den Anstieg der Erträge seit 1880 zusammen! — 3. Beschreibe Abb. 12! Welche Mineraldünger werden außer Kali angewandt?

Mineraldünger ist ein wichtiger Helfer gegen den Hunger geblieben. Für die Gewinnung von Phosphorsäure führen wir aus Marokko und den USA phosphorsaure Salze ein. Stickstoff können unsere Fabriken in beliebiger Menge herstellen. Kalisalze werden in Deutschland zusammen mit Steinsalzen im Schachtbau abgebaut.

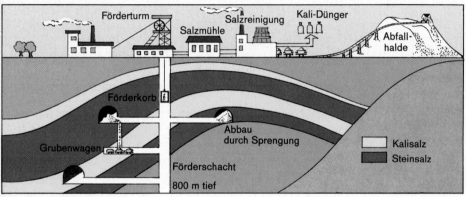

Abb. 13   Kaligewinnung

4. Beschreibe Lage und Gewinnung von Kali anhand der Abb. 13! — 5. Suche auf der Karte der Bodenschätze Deutschlands Kalisalzlager! — 6. Beschreibe Abb. 14! — 7. Versuche mehr über Justus von Liebig zu erfahren! Benutze ein Lexikon! — 8. Besorge zwei kleine Feld- und Gartenblumensträuße! Behandle den einen mit Schnittblumendünger, den anderen nicht! Berichte über das Ergebnis!

Naturdünger, Mineraldünger, Kali, Ertrag pro Hektar, Ertragssteigerung

Abb. 14   Kaliwerk mit Abfallhalde

6. Weinbau in einem Seitental des Rheins

1. Suche die Stadt Bacharach im Atlas! Beschreibe ihre Lage! — 2. Beschreibe die Hänge auf Abb. 15 (Bewuchs, Anlage der Weingärten)! — 3. Zeichne eine Querschnitt-skizze des Tales! Trage den Bewuchs mit Symbolen ein! (rechts ist Süden) — 4. Versuche die einseitige Hanglage der Weingärten mit Hilfe der Abb. 17 zu erklären! — 5. Zähle die Sonnenstrahlen, die auf den Nordhang, den Talboden und auf den Südhang fallen! Vergleiche mit den Ansprüchen der Weinrebe (s. S. 5)!

Ein kleines Weingut in der Nähe von Bacharach bewirtschaftet der Winzer Schindler. Er bebaut 1 ha Rebfläche mit der hellen Rieslingrebe. Früher lagen seine Weingärten verstreut am Hang. Schmale Fußwege führten zu ihnen hinauf. Vor einigen Jahren wurde der Weinberg neu gestaltet. Seitdem sind seine verstreuten Flächen zusammengelegt. Asphaltierte Fahrwege durchziehen den Berghang. Die Abstände zwischen den Rebreihen wurden so breit gewählt, daß kleine Maschinen zur Bearbeitung des Bodens eingesetzt werden können.

Die Arbeit des Winzers beginnt bereits im Februar mit dem Düngen der Weingärten. Stallmist und Kunstdünger werden mit dem Traktor hinaufgefahren und untergegraben. Von März bis April bringt der Winzer die Weinstöcke in Ordnung. Zunächst schneidet er die nichttragenden Triebe ab. Dann werden die stehengebliebenen Rebzweige nach unten gebogen und an die Pfähle oder Spanndrähte gebunden. Im Mai wird der Boden aufgegraben und gelockert. Dabei hilft eine

Abb. 16 Arbeitsgänge bei der Weinherstellung

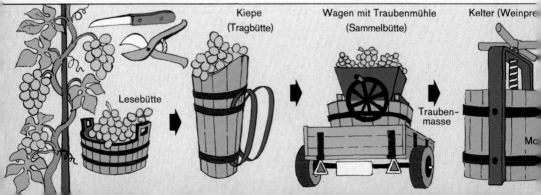

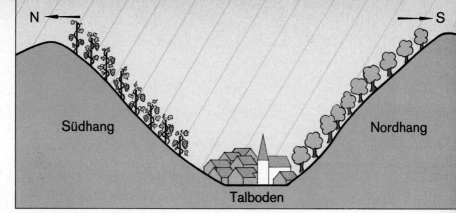

N ← → S

Südhang   Nordhang

Talboden

<1 Abb. 15
Das Steegtal
bei Bacharach

Abb. 17
Querschnitt
durch das
Steegtal
(Schema)

Seilwinde, die einen kleinen Pflug durch die Rebreihen zieht. Das Auflockern muß
bis in den September hinein etwa fünfmal wiederholt werden. So können Wasser,
Luft und Wärme leicht eindringen, und der Boden wird vom Unkraut befreit.
Besondere Sorgfalt erfordert die Bekämpfung der Schädlinge. Die Reblaus kann
Wurzeln und Blätter zerstören. An der Unterseite der Blätter setzt sich leicht ein Pilz,
der Mehltau, an. Gegen ihn sprüht der Winzer von Juni bis September etwa sieben-
mal eine grünliche Kupferlösung.
Die Weinlese beginnt im Oktober. Sie zieht sich mit der Spätlese bis in den Dezember
hin. Schon Wochen vorher werden die Weingärten geschlossen und bewacht, damit
Traubendiebe keinen Schaden anrichten. Nach altem Brauch verkündet die Lese-
glocke eines Morgens den Beginn der Ernte. Die Leserinnen kommen mit ihren
Bütten und schneiden mit der Traubenschere vorsichtig die Trauben ab. Männer
tragen sie in Kiepen zu den Wagen auf dem Fahrweg. Dort dreht sie der Winzer
gleich durch die Traubenmühle in einen großen Bottich. Die zerkleinerte Trauben-
masse wird in der Kelter (Weinpresse) abgepreßt. Der abgesonderte Saft heißt
Most. Er wird im Keller in Gärfässer gefüllt. Dort verwandelt sich der Zucker in
Alkohol. Der junge Wein muß nun in großen Fässern lagern. Noch viel sachkundige
Arbeit ist notwendig, bis der Wein ausgereift ist und getrunken werden kann.

6. *Stelle einen Arbeitskalender des Winzers zusammen! Kennzeichne die Handarbeiten!*
*— **7.** Beschreibe nach der Bilderreihe (Abb. 16) die Herstellung des Weines von der
Lese bis zum reifen Wein im Glas! — **8.** Vergleiche das Weingut nach Lage, Größe
der Anbaufläche, Anbaufrüchten, Zahl der Arbeitsgänge und Art der Arbeit mit der
Weizenfarm! — **9.** Bestimme nach der Sonderkarte im Atlas wichtige Weinbaugebiete
in Deutschland und beschreibe ihre Lage! — **10.** Sammle Etiketten von Weinflaschen!
Stelle den Namen des Weines, den Jahrgang (Wachstumsjahr) und das Anbaugebiet fest!*

Weinterrassen, Weinfelder, Winzer, Reblaus, Weinlese, Most, Gärfaß

V **11**

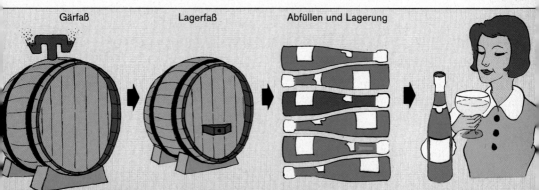

Gärfaß   Lagerfaß   Abfüllen und Lagerung

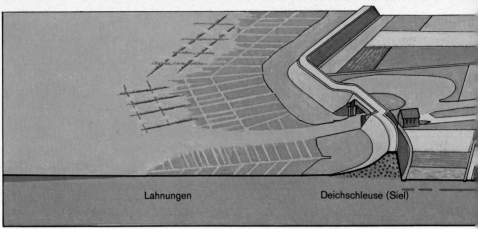

Lahnungen Deichschleuse (Siel)

Abb. 18   Altes und neues Marschland

7. Viehzucht in der Marsch

1. *Was weißt du bereits über die Entstehung des Marschlandes? —* **2.** *Kannst du erkennen, wie das Marschland entwässert wird? Zeichne die Stellung des Sieltores bei Flut! —* **3.** *Unterscheide den alten und den neuen Deich! —* **4.** *Beschreibe die Bodennutzung, die Lage der Höfe und die Flurformen im alten und im neuen Marschland!*

Ein Hof in der Marsch der Halbinsel Eiderstedt gehört Bauer Petersen. Er bewirtschaftet 40 ha Wiesen und Weiden. Es ist also ein reiner Grünlandbetrieb. Entwässerungsgräben trennen die Grünflächen voneinander. Sie sind fast bis zum Rand mit Wasser gefüllt. Das alte Bauernhaus liegt einzeln im Schutz einer Baumgruppe. Das Dach ist tief herabgezogen; es soll vor dem häufigen Regen und Wind schützen.

Der Aufbau des Bodens ist in einem frisch ausgeworfenen Graben zu erkennen. Die oberste Schicht (30 cm) ist dunkel, fast schwarz. Darunter wird der Boden grau und sehr feucht. Hier beginnt bereits das Grundwasser. Früher lag der Marschboden höher über dem Grundwasserspiegel. Mit den Jahren ist er zusammengesackt und damit auch sehr fest geworden. Auf diesem feuchten, zähen Boden gedeiht Gras am besten. Seine Wurzeln werden das ganze Jahr hindurch reichlich mit Wasser versorgt.

Milchwirtschaft wird von Bauer Petersen betrieben. Jetzt, im Januar, stehen 45 Kühe und 15 Kälber in seinem Stall. Im April werden sie auf die Weiden getrieben. Dort bleiben sie Tag und Nacht bis in den November hinein. Der milde Winter in der Marsch ermöglicht einen so langen Weidegang. Dadurch sind die Tiere widerstandsfähiger gegen Krankheiten und ihre Milchleistung ist höher. Eine Marschkuh gibt pro Tag etwa 20 l Milch. Anderswo erreicht man nur 16 bis 18 l. Vor einem Jahr hat Bauer Petersen noch Jungochsen aufgekauft und gemästet. Sie wurden auf dem Rindermarkt in Husum mit Gewinn verkauft. Mit der Milchwirtschaft konnte er aber mehr Geld verdienen, deshalb hat er die Rindermast aufgegeben.

5. *Ordne den Hof in das Blockbild ein! Suche die Halbinsel Eiderstedt auf der Karte! —* **6.** *Gib Gründe an, weshalb Bauer Petersen im alten Marschland Rinderzucht betreibt! —* **7.** *Weshalb hat er sich ganz auf Milchwirtschaft eingestellt? —* **8.** *Versuche einen Grund für den vorwiegenden Ackerbau im neuen Marschland zu finden!*

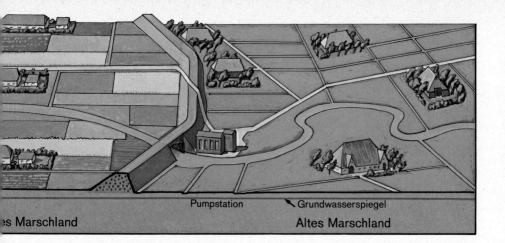

Pumpstation ⬉ Grundwasserspiegel

s Marschland · Altes Marschland

Der Arbeitstag des Bauern ist 10 bis 12 Stunden lang. Zwischen 5 und 7 Uhr morgens und zwischen 18 und 20 Uhr abends melkt er die Kühe. Eine elektrische Melkanlage erleichtert ihm die Arbeit. Aber er muß die Saugapparate ansetzen und das Melkgeschirr reinigen. Das erfordert Zeit.

Im Sommer arbeitet er vormittags und nachmittags auf seinen Wiesen und Weiden: Er muß düngen, mähen, Heu machen. Das Futter für den Winter muß eingebracht werden. Er selbst erzeugt nur Heu und Grünfutter, das er in einem Silo einlagert. Rüben, Getreide und andere Futtermittel kauft er zu. Im Winter entfällt die Feldarbeit, dafür muß er den Stall sauberhalten und die Maschinen instandsetzen. Abends erledigt er kaufmännische Arbeiten. Er muß Anschaffungen planen und Einnahmen und Ausgaben aufzeichnen, um die Steuererklärung vorzubereiten.

9. Beschreibe das Tagesprogramm des Bauern im Sommer! Beachte dazu Abb. 19 u. 20! Eigentlich übt er mehrere Berufe aus! — 10. Im Sommer arbeitet er oft 70 Stunden in der Woche; ein freies Wochenende gibt es nicht. Die Arbeitszeit eines Industriearbeiters beträgt 44 Stunden bei 5 Arbeitstagen. — 11. Bauer Petersen verkauft seine Milch an die Molkerei. Zähle die Produkte einer Molkerei auf! Unterscheide nach haltbaren und begrenzt haltbaren Produkten! Entscheide nach der Atlaskarte, wo die Absatzgebiete liegen können! — 12. Kennzeichne das Marschland in einer Skizze der Nordseeküste!

Marsch, Sieltor, Milchwirtschaft, Rindermast

Abb. 19—21 Melken früher und heute   V **13**

8. Rinderzucht in der Pampa

1. Schau dir im Atlas auf einer Südamerika-Karte das Land Argentinien an! Wie heißt die Hauptstadt dieses Landes? Welchen Namen nennt die Karte für das Hinterland der Hauptstadt, die Landschaft zwischen der Küste im Osten und dem Gebirge im Westen? — 2. Was erfährst du über diese Landschaft aus der Karte der Bodennutzung?

Die Pampa Argentiniens ist eine weite, fruchtbare Ebene. Im Osten, nahe der Atlantikküste, fallen ausreichende Niederschläge. Sie nehmen nach Westen hin immer mehr ab. Lange Zeit war die Pampa ein nur von Indianern bewohntes Grasland. Dann eroberten die Spanier das Gebiet. Sie drängten die Indianer, die von der Jagd gelebt hatten, gewaltsam zurück. In der mit kniehohem Gras bewachsenen Ebene entstanden spanische Großgrundbesitze, die Estanzias. Sie sind oft mehrere Tausend km² groß. Das entspricht der Fläche unserer Landkreise. So ist die grenzenlose Weite der Pampa auch heute noch nur gelegentlich unterbrochen von den Gebäuden einer Estanzia. Meist liegt das Wohnhaus des Gutsherrn inmitten eines künstlich geschaffenen Parks, umgeben von Wirtschaftsgebäuden und schlichten Wohnhäusern der Viehpfleger, der Peons. Weit verstreut stehen die Windmotoren der Wasserpumpen, die vor allem in Trockenzeiten Trinkwasser für die riesigen Viehherden auf den Estanzias aus der Tiefe pumpen.
Die Estanzieros, so nennt man die Großgrundbesitzer, begannen schon früh mit der Rinder- und Schafzucht. Anfangs waren Wolle und Häute ihre Einnahmequellen. Das Fleisch konnte man nicht nach Europa transportieren. Warum wohl nicht?

3. Im Durchschnitt weiden in der Pampa auf 1 ha nur 2 Rinder. Wie groß muß die Weidefläche einer Estanzia mit 36000 oder 52000 Rindern sein? — 4. Nur zwei Drittel einer Estanzia sind Weideland. Wie groß sind demnach diese beiden Estanzias? Wieviel Höfe von der Größe des deutschen Marschhofes, den du auf S. V 12 kennengelernt hast, würden ihre gesamte Fläche bedecken?

Der Fleischtransport über den Atlantischen Ozean wurde erst möglich, nachdem 1876 der Franzose Tellier die Konservierung des Fleisches durch Kälte erfunden hatte. Nun wurden Kühlschiffe gebaut, die das Fleisch ohne Schaden durch die heiße Tropenzone bringen konnten. Zwar hatte schon 1857 der deutsche Chemiker Justus von Liebig ein Verfahren zur Herstellung von Fleischextrakt entwickelt, so daß man zu Extrakt verarbeitetes Fleisch verschicken konnte. Einige Jahre später gelang es, Fleisch als „corned beef" in Dosen haltbar einzukochen. Aber erst seit 1877 gelangt regelmäßig argentinisches Gefrierfleisch in europäische Hafenstädte. Ständig sind Kühlschiffe zwischen Südamerika und Europa unterwegs. Das für die BRD bestimmte Fleisch wird größtenteils zum holländischen Hafen Rotterdam gebracht. Von dort übernehmen Kühlwaggons der Eisenbahn oder Kühllastwagen den Weitertransport in die Kühlhäuser der deutschen Fleschereibetriebe oder Wurstfabriken.

V **14**   Abb. 22   Die Kühlkette von Argentinien bis nach Deutschland

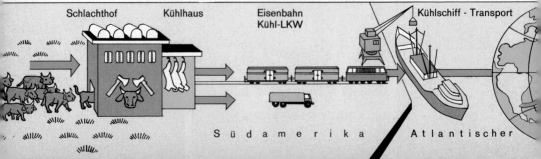

Schlachthof   Kühlhaus   Eisenbahn   Kühlschiff - Transport
                                 Kühl-LKW

S ü d a m e r i k a   A t l a n t i s c h e r

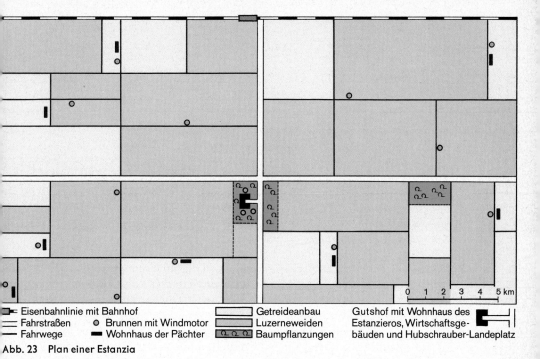

Abb. 23 Plan einer Estanzia

Legende:
- Eisenbahnlinie mit Bahnhof
- Fahrstraßen
- Fahrwege
- Brunnen mit Windmotor
- Wohnhaus der Pächter
- Getreideanbau
- Luzerneweiden
- Baumpflanzungen
- Gutshof mit Wohnhaus des Estanzieros, Wirtschaftsgebäuden und Hubschrauber-Landeplatz

5. *Verfolge an Hand der Abb. 22 den Weg des Fleisches aus der argentinischen Pampa bis in das Gefrierfach einer deutschen Familie! Sprich über das wiederholte Umladen auf verschiedene Verkehrsmittel!* — **6.** *In den Städten am Rande und im Innern der Pampa entstanden Spezialbetriebe und Spezialhäuser. Um welche Art von Betrieben und Gebäuden wird es sich handeln? Begründe die Notwendigkeit!*

Die Rinderzucht wurde zum Haupterwerbszweig der Estanzieros. Die ursprünglich wilden Steppenrinder lieferten kein gutes Fleich. Deshalb führte man von Europa hochwertiges Zuchtvieh ein. Das harte, zu trockene Steppengras wurde durch eine Luzerneart, das Alfalfa, ersetzt. Nun konnte man Riesenherden halten. Sie werden von berittenen Hirten, den Gauchos, und sogar von Hubschraubern aus bewacht.
Durch die Umstellung von der Naturweide auf Alfalfa-Aussaat entstand ein großer Bedarf an Hilfskräften. Sie mußten die Steppe pflügen und Luzerne säen. Deshalb wurden in Europa Einwanderer angeworben. Sie kamen mittellos in Argentinien an und übernahmen die nicht leichte Arbeit auf den Estanzias. Viele Einwanderer bearbeiten einen Teil des Bodens als Pächter. Sie bauen auf ihren Böden Weizen und auch Mais an. Dadurch wurde vor allem der Weizenanbau in Argentinien genauso bedeutsam wie die Viehzucht.

V **15**

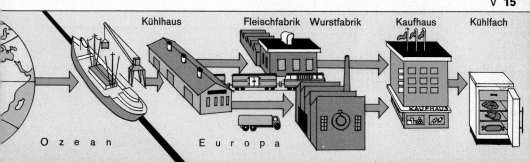

Ozean   Europa
Kühlhaus   Fleischfabrik Wurstfabrik   Kaufhaus   Kühlfach

Abb. 24   Viehherde in der Pampa

Die Pächter zahlen die Hälfte ihrer Einnahmen als Pachtsumme an die Großgrundbesitzer. Nach längstens zehn Jahren wird das Land an den Eigentümer zurückgegeben. Im letzten Jahr muß der Pächter seine Fläche mit Alfalfa einsäen. Anschließend nutzt der Estanziero das Land etwa zehn Jahre lang als Viehweide. Der Pächter aber muß gehen. Er zieht mit seiner Habe weiter und sucht neues Pachtland. Auf diese Weise kann sich kein Bauernstand bilden. Der Wanderpächter bleibt heimatlos. Seit 1957 hat ein Gesetz die Möglichkeit geschaffen, daß die Pächter das von ihnen bearbeitete Land kaufen können. Doch fehlt ihnen meist das nötige Geld. Das können sie zwar vom Staat leihen, müssen es aber mit Zinsen in einigen Jahren zurückzahlen. So verschulden sie leicht.

7. Wiederholt kam es zu Spannungen zwischen den Estanzieros und der ärmeren Bevölkerung des Landes. Versetze dich in die Lage eines Wanderpächters und eines Peons! Versuche deren Unzufriedenheit zu begründen! — 8. Vertiefe dich in die Abb. 23 und sprich darüber! Beachte die Anlage der Wege, die Verteilung der Brunnen, die Lage der Häuser! — 9. Sieh dir auf der Atlaskarte das Eisenbahnnetz Argentiniens an! In welchem Teil des Landes ist es am dichtesten? Gib eine Erklärung! — 10. Suche auf der Weltwirtschaftskarte im Atlas weitere Viehzuchtgebiete der Erde! — 11. Vergleiche die Viehzucht in der argentinischen Pampa mit der in der deutschen Marsch! Stelle die Unterschiede schriftlich zusammen! Denke auch an den Tagesablauf der Menschen auf einer Estanzia und einem Marschhof!

Naturweide, Luzerneweide, Estanzia, Estanziero, Großgrundbesitzer, Wanderpächter, Konservierung, Kühlschiff

Abb. 25   In einer Fleischfabrik

Rohstoffe für Menschen und Industrie

SCHÄFER · WELTKUNDE 5./6. Schuljahr. Unterrichtsreihe VI. Best.-Nr. 21506. Ferdinand Schöningh, Paderborn.

1. Ohne Wasser kein Leben

In Äthiopien ist mehr als eine halbe Million Menschen vom Hungertod bedroht. Seit Monaten mühen sich dort ein paar Ärzte auf verlorenem Posten. Es fehlt ihnen an allem.

Die Äthiopier haben versucht, der Katastrophe selber Herr zu werden. Aber was da über das Land hereinbrach, geht über die Kräfte eines kleinen Volkes. In den Provinzen Wollo und Tigre wächst kein Halm mehr. Seit einem Jahr hat es dort nicht mehr geregnet. Drei Ernten sind ausgeblieben. Die Weiden sind verdorrt, das Vieh ist an Futtermangel und Wassernot eingegangen. Die Dürre hat alles verbrannt, und die Menschen verhungern dort zu Zehntausenden.

Täglich werden in Wollo und Tigre zwischen zwölfhundert und fünfzehnhundert Tote gezählt. Die meisten sind Kinder bis zu zwölf Jahren.

Der ausbleibende Regen hat in einer Zone, die sich von Mauretanien im Westen Afrikas bis nach Nordindien erstreckt, eine Dürre verursacht. Anfang Oktober wurde klar, daß sich in Äthiopien eine Hungerkatastrophe anbahnte, wie sie Afrika bisher nicht erlebt hat.

(Stern, Dez. 1973)

Die geringen Niederschläge dieses Sommers, die weit unter dem langjährigen Durchschnitt liegen, bereiten der Landwirtschaft in der Bundesrepublik große Sorgen. Vor allem im süddeutschen Raum werden die Ernten an Kartoffeln, Hopfen und Weintrauben etwa ein Zehntel unter den Erträgen des Vorjahres bleiben.

(Die Welt, Okt. 1973)

1. Suche Äthiopien im Atlas! — 2. Verfolge im Atlas das Gebiet von Mauretanien bis nach Indien! — 3. Aus welchen Ländern hast du schon von großer Dürre gehört? — 4. Vergleiche beide Zeitungsmeldungen! Warum ist bei uns eine Dürrekatastrophe wie in Äthiopien nicht möglich? — 5. Welche Möglichkeiten haben unsere Bauern, längere Trockenheit zu überbrücken? — 6. Hast du im Sommer schon einmal eine lange Trockenperiode erlebt? Erzähle! — 7. Welche Maßnahmen treffen die Städte, wenn die Trockenheit im Sommer lange anhält? Überlege, wodurch viel zusätzliches Wasser verbraucht wird!

Der wichtigste Rohstoff für den Menschen ist das Wasser. Zwar kann er in äußerster Not einige Tage ohne Nahrung, aber nicht ohne Wasser leben. Auch Tiere und Pflanzen brauchen ständig frisches Wasser. Deshalb gehören Dürrekatastrophen in einigen Gebieten der Erde zu den größten Schrecken der Menschen. In manchen Ländern ist Wasser so kostbar, daß es in den Städten becherweise verkauft wird. Andererseits gibt es auch Länder, in denen Wasser im Überfluß vorhanden ist.

Nicht nur zum Trinken oder zum Bewässern der Pflanzen wird Wasser gebraucht. Auch die Fabriken benutzen große Mengen zum Kühlen ihrer Maschinen. Einzelne Industriebetriebe brauchen täglich mehrere Millionen Liter. In vielen Ländern wurden riesige Wasserspeicher angelegt. Man staute Bäche, Flüsse und große Ströme auf, um in den so geschaffenen Becken Vorräte zum Bewässern von Feldern, für die Trinkwasserversorgung oder für die Industrie zu haben. Auch in der Bundesrepublik Deutschland gibt es viele Talsperren. Am dichtesten liegen sie im Sauerland.

Abb. 1   Biggestausee bei Olpe

8. *Warum gibt es gerade südlich des Ruhrgebietes viele Talsperren? —* **9.** *Suche im Atlas auf den Karten anderer Länder große Stauseen! —* **10.** *Die deutschen Talsperren enthalten im Frühsommer viel und im Herbst wenig Wasser. Versuche das zu begründen!*

Niederschläge sind die Voraussetzung für gefüllte Talsperren. Wir wollen beobachten, wie die Niederschläge entstehen.

Nach einem sommerlichen Regenschauer steht noch für einige Zeit Wasser auf Bürgersteigen, Straßen und Plätzen. Allmählich trocknen die Wege ab. Das Wasser verdunstet. Auch am frühen Morgen kannst du beobachten, wie die Tauperlen im Grase sich bei den ersten wärmenden Sonnenstrahlen verlieren. Sie werden zu unsichtbarem Wasserdampf, der mit der erwärmten Luft aufsteigt. Mit zunehmender Höhe wird die Luft kälter, und die winzigen Wasserdampfteilchen drängen sich zu Tröpfchen zusammen. Sie werden von der Erde aus als Wolken sichtbar.

11. *Erkläre die Nebelbildung am Abend! —* **12.** *Wie entstehen die Tautröpfchen, die früh morgens an Grashalmen und Blättern hängen? —* **13.** *Warum ist im Winter draußen unser Atem sichtbar? —* **14.** *Erkläre das Beschlagen des Spiegels im Badezimmer! —* **15.** *Wann beschlagen die Fensterscheiben in der Wohnung?*

Die unzählbaren Tröpfchen, die sich in der Höhe zur Wolke verdichten, werden immer dicker und damit schwerer. Die schwersten fallen zur Erde; es regnet.
Der Wind treibt die Wolke weiter, bis hohe Berge sie behindern. Um sie zu überwinden, müssen die Tröpfchen mit dem Wind noch höher steigen, wobei die Temperatur weiter sinkt. Immer mehr Wasserdampf ballt sich zu Tropfen zusammen, und immer dichter fällt der Regen. Man nennt ihn Steigungsregen. Erkläre den Begriff!

Ein Teil des Regens verdunstet gleich wieder, sowohl vom Erdboden als auch von Dächern oder von der Oberfläche der Blätter, Äste und Zäune. Das übrige Wasser versickert im Boden. Dort saugen die Wurzeln aller Pflanzen einen Teil auf. Dieses Wasser gelangt bis in die Blätter, die es wieder durch Verdunstung an die Luft abgeben. Das restliche Wasser sammelt sich in der Tiefe auf undurchlässigen Ton- oder Lehmschichten. Als Quelle tritt es wieder zutage, um dann von Bächen und Flüssen in die Meere getragen zu werden. Viele dieser Flüsse müssen ihr Wasser den Menschen als Trinkwasser, zum Bewässern trockener Felder oder auch zur Stromerzeugung zur Verfügung stellen.

Auch das Wasser der Bäche, Flüsse, Seen und Meere verdunstet. Die meisten Regentropfen, die bei uns zur Erde fallen, haben schon eine weite Reise vom Atlantischen Ozean hinter sich. Meist fällt der Niederschlag bei uns als Regen, manchmal auch als Hagel oder Schnee. Der Weg des Wassers wiederholt sich ständig: Verdunstung — Wolkenbildung — Niederschlag — Verdunstung. Wir sprechen vom **Kreislauf des Wassers.**

Abb. 2   Der Kreislauf des Wassers

16. *Erkläre den Kreislauf des Wassers nach der Abb. 2 mit eigenen Worten!* — **17.** *Bedenke, daß in den Städten ein Teil des Regenwassers im Rinnstein in die Gullys läuft. Überlege, ob auch dafür der „Kreislauf des Wassers" gilt!*

Wasserkreislauf, Verdunstung, Steigungsregen, Quelle, Talsperre

2. Unsere Trinkwasserversorgung

Der Wasserverbrauch jedes Einwohners der Bundesrepublik Deutschland beträgt im Durchschnitt etwa 160 Liter täglich.

Wenn du in der Wohnung oder im Klassenzimmer den Wasserhahn aufdrehst, läuft klares, sauberes Trinkwasser heraus. Hast du schon einmal darüber nachgedacht, woher dieses Wasser kommt, wie es in die Leitung gelangt, damit es in den Haushalten zum Trinken und Kochen, zum Waschen und Baden, aber auch zum Rasensprengen oder Autowaschen zur Verfügung steht?

1. In welcher Jahreszeit wird der Wasserverbrauch am höchsten, wann am niedrigsten sein? — 2. Berechne nach der Einwohnerzahl deines Heimatortes den täglichen Verbrauch an Trinkwasser! — 3. Wieviel Trinkwasser wird täglich in der Bundesrepublik Deutschland verbraucht (63 Millionen Einwohner)? — 4. Berechne den jährlichen Trinkwasserverbrauch eurer Familie und der Familien aller Kinder deiner Klasse!

Wasserwerke liefern diese riesigen Wassermengen in die Wohn- und Geschäftshäuser, in Krankenhäuser und Schulen. Sie stellen auch die in den obigen Zahlen nicht enthaltenen Wassermengen für die Fabriken zur Verfügung. In Brunnenanlagen wird das Wasser aus der Erde gepumpt. Manche Städte holen es aus Flüssen oder Seen. So bezieht Bremen einen Teil seines Trinkwassers aus der Sösetalsperre im Harz; Stuttgart führt das Wasser aus dem Bodensee heran. Einige „am Wege" liegende Städte wurden ebenfalls an diese Fernleitungen angeschlossen.

5. Suche Bremen, Stuttgart, den Harz und den Bodensee auf der Atlaskarte und miß die Länge der Wasserleitungen! — 6. Erkundige dich, woher euer Trinkwasser kommt!

Der Weg des Wassers von der Brunnenanlage bis in die Häuser ist in Abbildung 3 dargestellt. Die Pumpen des Wasserwerkes drücken das geförderte Wasser zunächst in einen Hochbehälter, der es speichert. So hat man während der Zeiten mit größerem Verbrauch den notwendigen Vorrat. Vom Hochbehälter, auch Wasserturm genannt, fließt das Wasser durch Rohrleitungen bis in die Zapfhähne. Die Rohre sind als Haupt- und Nebenleitungen zwischen einem und zwei Metern tief in der Erde verlegt. Im Pflaster der Bürgersteige siehst du häufig kleine runde oder ovale Eisendeckel. Unter den runden Deckeln befindet sich ein Ventil, mit dem man Nebenleitungen, die zu einzelnen Gebäuden führen, verschließen kann. Die ovalen Deckel schützen Hydranten. Das sind Zapfstellen, an die bei einem Brand die Feuerwehrschläuche angeschlossen werden können.

VI 4   Abb. 3 Schemazeichnung: Wasserversorgung durch ein Wasserwerk

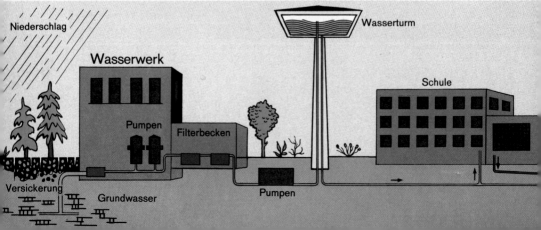

7. Wo liegt, von deiner Wohnung aus gemessen, der nächste Hydrant? — **8.** Warum muß man Nebenleitungen absperren können? — **9.** Beschreibe nach Abb. 3 den Weg des Wassers vom Tiefbrunnen bis in das obere Badezimmer des Wohnhauses! — **10.** Verfolge den Weg des Abwassers in Abb. 3!

Reinheit ist die wichtigste Forderung, die man an Trinkwasser stellen muß. Deshalb wird das aus Talsperren, Seen oder Flüssen entnommene Wasser in Filterbecken gründlich gereinigt, bevor man es in die Versorgungsnetze der Städte leitet. Durch Zusatz eines Fällmittels ballen sich die im Wasser enthaltenen Schwebstoffe, z. B. winzige Pflanzenreste, Bakterien oder Staub, zu kleinen Flocken zusammen. Diese werden dann in Filtern aufgefangen. Ein solcher Filter besteht meistens aus feinen Kies- und Sandschichten, durch die man das Wasser sickern läßt. Auch das durch Brunnenbohrungen heraufgepumpte Grundwasser wird im Wasserwerk gefiltert. Schon das Grundwasser, das zur Trinkwasserversorgung dient, soll vor Verunreinigung geschützt werden. Deshalb erklärt man die Geländeteile, in denen Wasserwerke ihre Brunnen anlegen, zu Wasserschutzgebieten. Dort dürfen Felder nicht gedüngt werden; Heizöl und Benzin dürfen nicht gelagert werden. Selbst der Bau von Wohnhäusern ist dort verboten. Auch die Quellgebiete unserer Flüsse sind Wasserschutzgebiete.

11. Begründe die vorstehend genannten Verbote im Wasserschutzgebiet! — **12.** Weshalb wurden auch rings um die Quellen der Flüsse größere Flächen zu Wasserschutzgebieten erklärt? — **13.** Wo hast du das in Abb. 4 gezeigte Schild schon gesehen?

Abb. 4 Verkehrszeichen „Wasserschutzgebiet"

Der Grundwasserspiegel sinkt, wenn die Wasserwerke immer mehr Tiefbrunnen bohren und von Jahr zu Jahr mehr Wasser fördern. Außerdem verhindert die ständig wachsende Fläche der Städte mit ihren befestigten Straßen und bebauten Grundstücken das Einsickern des Regenwassers. Deshalb werden neue Talsperren angelegt. Zugleich ist man bemüht, Kahlschläge an Berghängen zu vermeiden und möglichst viel Wald zu erhalten. Die Wälder speichern das Wasser im Boden. Sie verhindern, daß die Sonne den Boden austrocknet. Waldböden sind wie Schwämme, die das Regenwasser oder das Schmelzwasser des Schnees festhalten.

Brunnenbohrung, Tiefbrunnen, Versorgungsnetz, Hochbehälter, Wasserschutzgebiet, Grundwasserspiegel

Abb. 5   Ein Steinbruch bei Solnhofen/Altmühl

3. In einem Steinbruch

Der Steinbruch ist nur noch wenige Meter entfernt. Einige Schritte bis zur Absperrung, und dann sehen wir in ein großes helles Loch.

1. Erzähle, was du in Abb. 5 siehst! — 2. Am Rand eines Steinbruches stehen Warntafeln. Warum? — 3. Suche im Atlas die Altmühl und Solnhofen!

Ein Arbeiter will uns den Steinbruch zeigen. Steil führt der holprige Weg nach unten. Während wir an der senkrecht abfallenden Felswand entlanggehen, sehen wir, daß sie aus vielen dünnen und dicken Gesteinsplatten aufgebaut ist. Das also ist der berühmte Solnhofener Plattenkalk! Schließlich sind wir in etwa 20 m Tiefe, an einer der Stellen, wo gearbeitet wird. Tischeben ist der Boden, über den wir jetzt gehen. Zwei Männer versuchen gerade, mit Hammer und Meißel, mit Spitzhacke und Brechstange eine Steinplatte zu lösen. Sie ist etwa 4 cm dick, fast 2 m lang und 1 m breit. Dabei sind sie ganz vorsichtig, denn die Platte darf nicht zerbrechen. Endlich haben sie es geschafft. Dann heben sie den schweren Stein an die Seite, wo schon viele ähnlicher Größe stehen.

Wir gehen unter ein Schutzdach, denn die Sonne brennt heiß in den Bruch hinein. Kein Wind weht. Hier haben wir etwas Schatten. Viele von diesen Dächern gibt es im Steinbruch, unter denen die Männer arbeiten können. Einer von ihnen zeigt uns eine kleine Platte aus gelbbraunem Stein, die an dieser Stelle gebrochen wurde. Sie ist auf beiden Seiten so glatt, als wäre sie aus einem Steinblock herausgesägt.

Die Kalksteinplatten werden mit einem Lkw abgeholt und in das in der Nähe liegende Natursteinwerk gefahren. Hier werden sie in bestimmte Größen geschnitten, manchmal auch noch geschliffen oder sogar poliert. Dieses Werk bearbeitet den Stein hauptsächlich zu Wand- und Fußbodenplatten.

4. Gibt es in der Nähe deines Wohnortes oder Ferienortes einen Steinbruch? Erkundige dich, welche Steine dort abgebaut werden! Wozu werden sie verarbeitet? — **5.** Überlege dir, wo Naturstein und Naturwerkstein (das ist bearbeiteter Naturstein) verwendet werden! Stelle eine Liste auf! — **6.** Vielleicht ist auch bei dem Bau eurer Schule Naturwerkstein verwendet worden. Sieh ihn dir genau an! Berichte!

Zement wird ebenfalls aus diesem Plattenkalkstein hergestellt. Deshalb geht es einige hundert Meter von diesem Steinbruch entfernt beim Abbau nicht so vorsichtig zu. Bagger nehmen keine Rücksicht auf die einzelnen Platten, denn der Stein wird später ja doch zerkleinert. Schnell ist ein Wagen gefüllt und fährt hinauf zu einem Werk, in dem aus diesem Kalkstein der Zement hergestellt wird. Aus weiter Umgebung kommen die Spezialfahrzeuge, die an den großen Silos stehen und mit dem für die Bauindustrie so wichtigen Produkt gefüllt werden.

Leuchtend weiß in der Sonne liegen neben den Steinbrüchen Halden. Das sind abgeräumte und aufeinandergekippte Steine, die man nicht verwertet, der Abraum. Ein Mann klettert vorsichtig darauf herum. Was er hier wohl sucht? In der Hand hält er einige Platten dieses Gesteins. Er hat unsere Neugier erkannt und zeigt uns seine Funde. Es sind Versteinerungen von zwei Fischen, die vor 150 Mill. Jahren gelebt haben.

Abb. 6   Abdruck eines Kugelzahnfisches aus dem Solnhofener Plattenkalk. — Was kannst du daraus schließen, daß der Mann in diesem Gestein versteinerte Fische gefunden hat?

Versteinerungen sind in vielen Museen gesammelt. Mehr als 600 verschiedene Tierarten sind bisher in dem Solnhofener Plattenkalk gefunden worden. Es sind Lebewesen, die im oder am Wasser lebten: Fische, Krebse, Libellen, Quallen und sogar der Urvogel, der Vorfahre unserer Vögel. Die Erdwissenschaftler, Geologen, ziehen mit Hilfe dieser Versteinerungen wertvolle Rückschlüsse auf die Geschichte der Lebewesen unserer Erde.

7. In der Nähe eines Friedhofes ist häufig die Werkstatt eines Steinmetzes. Besuche ihn einmal! Vielleicht ist in deinem Ort auch ein Natursteinwerk. Sieh dir die Steine an, die dort bearbeitet werden! Frage nach ihren Namen und ihrer Herkunft! — **8.** Versuche die Herkunftsgebiete im Atlas zu finden! — **9.** Laß dir die Preise einiger Steine nennen!

Steinbruch, Plattenkalk, Naturstein, Naturwerkstein, Zement, Halde, Versteinerung

4. In einem Steinkohlenbergwerk

Im Ruhrgebiet war vor etwa 270 Millionen Jahren dort, wo jetzt 6 Millionen Menschen leben, ein ausgedehntes Moorgebiet mit Tropenklima. Die Pflanzen starben langsam ab und versanken unter dem Wasserspiegel. Weil sie nicht mit der Luft in Verbindung kamen, konnten sie nicht verfaulen. Es bildete sich Torf, der später von Sand und Schlick zugedeckt wurde. Aus dem zusammengepreßten Torf entstand nach Millionen Jahren Braunkohle und nach weiteren Millionen Jahren Steinkohle. Weil sich die Moorbildung häufig wiederholte, kam es zur Entstehung vieler solcher Schichten, der Steinkohlenflöze. Zunächst lagerten sie waagerecht übereinander, wurden aber durch gewaltigen Druck von der Seite her in Falten gelegt (s. Aufg. 7).

Eine Grubenfahrt ist für den, der kein Bergmann ist, immer ein Erlebnis. Nur wenige erhalten eine Genehmigung dazu. Ein Teilnehmer erzählte: Wir trugen einen weißen Arbeitsanzug und ein Halstuch, zur Sicherheit einen Schutzhelm und Sicherheitsschuhe. Jeder erhielt außerdem eine elektrische Lampe, die auf den Helm gesteckt wurde. So ging es zur Hängebank. Hier werden leere Kohlenwagen in den Förderkorb gedrückt, krachend stoßen sie die vollen Wagen heraus. Als das Schild „Personenfahrt" aufleuchtete, drängten wir uns in den eisernen Käfig hinein. Der Förderkorb brachte uns mit 8 m/sek. durch den Schacht in die Tiefe. Auf der 3. Sohle stiegen wir aus und waren in einer riesigen, hell erleuchteten Halle, dem Füllort. Das ist ein richtiger Bahnhof „unter Tage" mit zahlreichen Gleisen, Weichen und Signalen. Gerade kam ein Kohlenzug, der von einer kleinen Elektrolok gezogen wurde, am Füllort an. Ein kleiner Personenzug fuhr uns durch viele straßenartige Verbindungen zu einer Stelle, von der aus wir zu Fuß weiterlaufen mußten. Es dauerte noch eine ganze Weile, bis wir „vor Ort" ankamen.

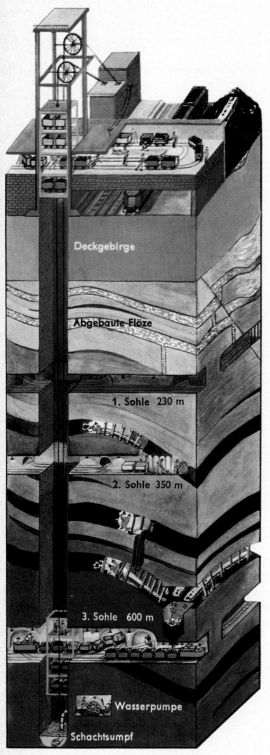

Abb. 7 Steinkohlenbergwerk (Blockbild)

Abb. 8 Abbau mit einem Kohlenhobel   Abb. 9 Füllort

Vor Ort wird die Kohle gebrochen. Das Flöz ist fast zwei Meter hoch. Kohlenstaub
verdüstert den Schein der Lampen. In gebückter Haltung arbeiten einige Bergleute
an einem Kohlenhobel. Krachend reißt er die Kohle von der Wand. Förderbänder
transportieren sie bis zu einem Stollen, wo sie in die Kohlenwagen rutschen, die die
Kohle zum Füllort bringen.
Immer leistungsfähigere Maschinen, so erfahren wir, werden eingesetzt. Aber trotzdem ist die Arbeit der Bergleute schwer. Oft ist es dabei so heiß, daß der Schweiß
helle Rinnen in die von Kohlenstaub geschwärzten Gesichter zieht, aus denen das
Weiß der Augäpfel leuchtet.
Über dem abgebauten Flöz stützen dicht gestellte Stahlstempel die Decke, das
„Hangende". Es würde sonst unter dem mächtigen Druck des auflastenden Gesteins
nachstürzen. Das abgebaute Flöz wird später wieder verfüllt. Trotzdem sackt das
Hangende nach. Dann senkt sich auch die Erdoberfläche. An den Häusern entstehen Risse, die Bergschäden. Dadurch drohen sie einzustürzen und müssen ab-
gerissen werden.

*1. Verfolge die Einfahrt in das Bergwerk auf Abb. 7! Wie tief unter der Erdoberfläche
befindet sich der Besucher am Füllort? — 2. Überlege dir, wie ein Kohlenhobel arbeitet
(Abb. 8)! — 3. Welche Gefahren drohen dem Bergmann? — 4. 1956 war das Jahr mit
der höchsten Steinkohlenförderung in der BRD. Vergleiche die Entwicklung der Be-
schäftigtenzahl und der Steinkohlenförderung!*

Steinkohlenbergbau BRD	1956	1965	1970	1973
Förderung (in Mill. t)	151	135	111	97
Beschäftigte (in 1 000)	593	388	250	205

*5. Suche das Ruhrgebiet auf einer Atlaskarte und schreibe die größten Städte heraus! —
6. Welche Flüsse grenzen das Ruhrgebiet ein? Nenne auch die Kanäle dieses Raumes! —
7. Schiebe vorsichtig den Rand einiger Seiten deines Erdkundebuches zur Mitte hin!
Was beobachtest du? Vergleiche mit dem, was du im Text gelesen hat!*

Flöz, Hangendes, Schacht, Förderturm, Bergschäden

5. Braunkohle in der Lausitz

1. *Stelle auf einer Wirtschaftskarte fest, wo in der BRD und der DDR Braunkohlen vorkommen! — 2. Welche größeren Städte liegen in der Nähe dieser Vorkommen?*

Der Tagebau liegt vor uns. Gewaltig wirkt das große dunkle Loch, das sich plötzlich vor uns auftut. Über 100 m ist es tief und einige Kilometer lang. Maschinen und Fahrzeuge sehen von hier oben aus wie Spielzeug.

Wir fahren in den Betrieb hinein. An den steilen Wänden sieht man oben deutlich hellere Schichten, das Deckgebirge. Sie liegen über einem mächtigen, fast schwarzen Braunkohlenflöz. Deckgebirge nennt man alle die Schichten, die über der Kohle liegen. Die Maschine vor uns wird immer gewaltiger. Wir erkennen, daß sie die ganze Breite der Grube überspannt. Auf der einen Seite räumt sie das helle Deckgebirge aus Lehm, Sand und Kies ab. Sie transportiert diesen Abraum über Förderbänder zur anderen Seite des Tagebaues, wo die Braunkohle schon abgebaut ist, und schüttet ihn dort ab. Neben dieser Förderbrücke arbeiten in dem Tagebau Riesenbagger. Unaufhörlich greifen sie die lockere, aber sehr feuchte Braunkohle aus der Wand und füllen sie in lange Spezialzüge. Elektrische Grubenlokomotiven ziehen Zug um Zug den Hang hinauf.

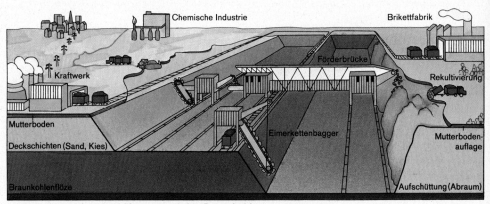

Abb. 10   Abbau und Verwertung der Braunkohle

3. *Warum wird die Braunkohle im Tagebau und die Steinkohle im Schachtbau abgebaut? — 4. Man spricht im Braunkohlenbergbau vom „wandernden Tagebau". Warum?*

Naheliegende Brikettfabriken verarbeiten einen Teil der Braunkohle. In ihnen wird die Kohle getrocknet und zu Briketts gepreßt. Unser Begleiter erzählt, daß nur etwa ein Fünftel der Braunkohle der DDR zu Briketts verarbeitet wird.

Wärmekraftwerke verbrauchen den größten Teil der Rohbraunkohle. Hier heizt ein anderer Teil der Braunkohlenproduktion die großen Dampfkessel. Der Dampf treibt Turbinen an, die elektrischen Strom erzeugen. Die Abnehmer der Rohbraunkohle haben fast alle ihre Standorte in direkter Nähe zu den Tagebauen.

5. *Womit heizt du zu Hause? Erzähle! — 6. Nenne andere Möglichkeiten zur Erzeugung elektrischer Energie!*

Abb. 11   Braunkohlentagebau Brieske-Ost bei Senftenberg

In Braunkohlenkombinaten sind große Industriebetriebe zusammengefaßt. Eines der größten ist das Kombinat „Schwarze Pumpe" bei Spremberg. Etwa 16000 Menschen sind dort beschäftigt. Es umfaßt mehrere Braunkohlengruben, Brikettfabriken, Kraftwerke und Gaswerke. Allein in diesen Werken werden täglich ungefähr 100000 t Braunkohle verarbeitet, das ist so viel wie die Ladung von 5000 Güterwagen der Bundesbahn. Umgekehrt verlassen viele Züge mit Briketts, Koks, Benzin, Öl, Teer und anderen Produkten dieses Kombinat. Hochspannungsleitungen haben hier ihren Ausgangspunkt und beliefern die Verbraucher mit Strom.

7. *Überlege, weshalb das Kombinat „Schwarze Pumpe" in der Nähe der Braunkohlentagebaue errichtet wurde! — **8.** Wer verwendet die Erzeugnisse aus Braunkohle?*

Braunkohlenförderung (in Mill. t)	1956	1965	1970	1972
DDR	206	251	261	248
BRD	95	96	102	110

9. *Vergleiche die Zahlen der Braunkohlenproduktion mit denen der Steinkohlenförderung! Was stellst du dabei fest? — **10.** In dem Kapitel über das Steinkohlenbergwerk wird auch etwas über die Entstehung der Braunkohle gesagt. Informiere dich dort!*

Tagebau, Braunkohlenflöz, Deckgebirge, Abraum, Brikett, Wärmekraftwerk, Kombinat

6. Erze aus aller Welt

Abb. 12   Eisenerze

Erze nennt man alle Gesteine, die Metalle enthalten. Befindet sich Eisen darin, so spricht man von Eisenerz. Besteht das Gestein zu einem Teil aus Blei, dann ist es Bleierz. Die Aufnahmen der Eisenerze (Abb. 12) zeigen aber, daß nicht jedes Eisenerz dem anderen gleich ist. Sie unterscheiden sich nicht nur in der Farbe, sondern auch im Mengenanteil des Eisens.

1. *Kennst du noch andere Metalle? Wie werden die Erze heißen, in denen sie enthalten sind. —* **2.** *Von 100 kg Magneteisenstein sind etwa 70 kg Eisen (70% Eisen, gesprochen: 70 Prozent ...), Roteisenerz enthält in gleicher Erzmenge 50 kg (50%), Brauneisenerz 40 kg (40%) und Spateisenerz etwa 35 kg (35%) Eisen. Welches dieser Eisenerze hat wohl für die Eisengewinnung die größte Bedeutung? Begründe deine Aussage! —* **3.** *Die Industrie benötigt große Mengen an Eisen. Nenne Erzeugnisse, die aus diesem Metall hergestellt werden! —* **4.** *Stelle auf der Wirtschaftskarte von Deutschland fest, wo Eisenerzvorkommen sind! Welche größeren Städte liegen in der Nähe?*

Die deutschen Eisenerzvorkommen haben in den letzten Jahren mehr und mehr an Bedeutung verloren. In vielen Erzabbaugebieten ist die Förderung eingestellt worden. Die Gewinnung wurde zu teuer, weil die Schächte in immer größere Tiefen führen mußten. Hinzu kam noch, daß die deutschen Eisenerzvorkommen im Durchschnitt in 100 kg Erz nur 30 kg Eisen (30%) enthalten.

Die ausländischen Eisenerzvorkommen sind für Deutschland immer wichtiger geworden, weil wegen der hohen Stahlerzeugung sehr viel Erz eingeführt werden muß. Dabei wird darauf geachtet, daß der Anteil an Eisen im Erz sehr hoch liegt. Die BRD importiert aus Schweden, Liberia, Brasilien, Venezuela, Kanada und vielen anderen Staaten. Oft können in diesen Ländern die Erze im Tagebau abgebaut werden. Häufig bestehen dort sogar ganze Berge aus diesem wertvollen Rohstoff.

Abb. 13   Eisenerztagebau in Labrador (Kanada)

5. *Betrachte das Foto und erzähle, wie das Eisenerz abgebaut wird!* — **6.** *Schlage die Weltkarte auf und suche die im Text genannten Staaten! In welchen Erdteilen liegen sie?* — **7.** *Verfolge den Weg, den das Erz von diesen Ländern ins Ruhrgebiet nimmt!*

Eisenerzförderung und -einfuhr der BRD	1960	1972
Eisenerzförderung (in 1 000 t)	18 900	6 117
Eisenerzeinfuhr (in 1 000 t)	36 500	40 844

Die deutschen Eisenerzvorkommen sind gering, und ihr Anteil an Eisen im Erz ist nicht sehr hoch. Darum ist die Bundesrepublik auf die Einfuhr ausländischer Rohstoffe angewiesen.

Erz, Eisenerz, Metall

Auch in Belgien Sonntagsfahrverbot Wucher-P

für Öl veru

Vier Sonntage ohne Auto

Bonn: Forsch bei Kohle-Benzin jetzt verstärken

Feiertage ausgenommen

Höchstens Tempo 100

Strafen unklar: Zwischen 5 und 50 000 DM

Ölmangel wirkt sich aus

Lage durch Hamstern versch

7. Erdöl, Kraftquelle und Wärmelieferant

Die Erdölkrise zum Jahresende 1973 veranlaßte viele Tageszeitungen, ihren Artikeln die oben abgedruckten Überschriften zu geben. Plötzlich wurden einige Staaten nicht mehr in gewohnter Weise mit Rohöl beliefert. Jetzt erst wurde vielen die große Bedeutung des Erdöls als Kraftquelle und Energiespender klar. Die Preise für Benzin und Heizöl stiegen täglich weiter an.

1. *Wer spürte die Auswirkungen dieser Krise besonders stark? —* **2.** *Welche Überschriften weisen auf Maßnahmen zur Überwindung der Energiekrise hin? Was wollte man erreichen?*

Der Verbrauch von Erdöl ist in der BRD in den letzten Jahren erheblich angestiegen. Die eigenen Fördermengen reichen bei weitem nicht aus, um den Bedarf an diesem Rohstoff zu decken. Allein die Zahl der Personenwagen in Deutschland ist von 540 000 im Jahre 1950 auf über 15 Millionen im Jahre 1970 angestiegen. Das bedeutet, daß viel mehr Benzin hergestellt werden muß. Viele Wohnungen sind heute mit einer Ölheizung ausgestattet, früher wurde mit Kohle geheizt. Aber auch die Industrie ist sehr stark vom Öl abhängig. Sowohl Kunststoffe als auch Lippenstifte, Schmerztabletten und Düngemittel werden aus Erdölprodukten hergestellt. Deutschland muß daher große Mengen an Rohöl einführen, vorwiegend aus Nordafrika und Vorderasien.

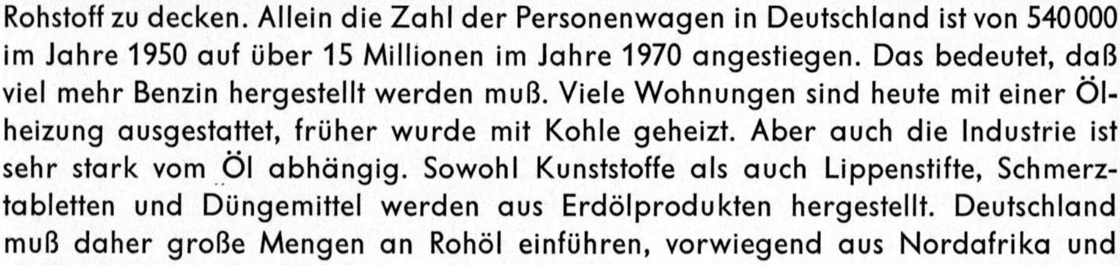

30	17	11	9	4	4	3	22
Libyen	Saudi-Arabien	Algerien	Iran	Kuwait	Irak	Venezuela	andere

Abb. 14   Erdöleinfuhr der BRD (1971 in Mill. t)

3. *Errechne die Gesamteinfuhrmenge! —* **4.** *Suche die Staaten im Atlas!*

VI **14**

durchlässiges Gestein
undurchlässiges Gestein

Abb. 15   Erdölbohrung

Abb. 16   Ölpumpe (Pferdekopf)

Die Eigenförderung der BRD ist gering. Daher sucht man ständig nach neuen Lagerstätten. Oft sind bei den Bohrarbeiten große Tiefen erreicht worden. So fördert man in Deutschland aus Tiefen von 1000 bis 2000 m. Bei Celle drang man 2660 m tief in die Erde, in Holstein über 3500 m und im Münsterland sogar 5960 m. Ist die Bohrung fündig geworden, so wird das Öl durch Pumpen, die sog. Pferdeköpfe, gefördert. Auch in der Nordsee wird nach Öl gesucht. Bisher konnte aber in ihrem deutschen Bereich nichts gefunden werden.

5. Erkläre mit Hilfe der Abb. 15, wie man die Erdöllagerstätte erreicht! Auch das Fördern des Erdöls ist zu ersehen! — 6. Suche im Atlas die Erdölfelder Deutschlands!

Erdölfelder der BRD und ihre Förderung (1970 in Mill t)			
Felder	Fördermenge	Felder	Fördermenge
Nördlich der Elbe	0,800	Westlich der Ems	2,002
Zwischen Elbe und Weser	2,247	Oberrheintal	0,199
Zwischen Weser und Ems	1,891	Alpenvorland	0,393
Gesamt: 7,532			

Die Entstehung des Erdöls stellt man sich folgendermaßen vor: Eine Vielzahl von Lebewesen des Meeres starb und sank auf den Meeresboden. Schichten auf Schichten lagerten sich so übereinander. Im sauerstoffarmen Tiefenwasser des Meeres konnten die abgestorbenen Lebewesen nicht verwesen. Schlick und Sand deckten sie zu. Im Laufe von Millionen Jahren bildeten sich aus ihnen Erdöl und auch Erdgas. Beides ist heute in den Poren von Sand- und Kalkstein enthalten.

7. Was schließt du daraus, daß man heute mitten im Festland Erdöl findet? — 8. Vergleiche die Entstehung der Steinkohle mit der des Erdöls!

Erdöl, Bohrung, Erdölfeld

8. Erdgas aus der Sowjetunion

1. Überlege dir Gründe, warum die BRD Erdgas aus der UdSSR einführt!

In der Gaswirtschaft muß man auf Jahre im voraus planen. Die eigenen Erdgasvorkommen der Bundesrepublik reichen nicht aus, um den wachsenden Bedarf decken zu können. 1972 betrug die eigene Erzeugung 18 Mrd. m³ (sprich: Kubikmeter). Über 10 Mrd. m³ wurden eingeführt, hauptsächlich aus den Niederlanden.

Die Industrie ist neben den Haushalten der größte Abnehmer. Viele Betriebe haben sich in den letzten Jahren auf Erdgas umgestellt, weil es sauber und ohne Rückstände verbrennt. Außerdem braucht der Verbraucher keine Vorräte anzulegen.

2. Nenne Verwendungsmöglichkeiten für Erdgas! Denke dabei auch an die Überschrift des Zeitungsartikels! — 3. Welche Vorteile bietet Erdgas gegenüber Öl und Kohle?

Große Erdgasvorräte liegen in der Sowjetunion. Die Ruhrkohle AG hat mit der UdSSR einen Vertrag abgeschlossen, durch den nach einer Anlaufzeit 20 Jahre lang zuerst 3 Mrd. m³ jährlich, in einigen Jahren sogar 7 Mrd. m³ Gas geliefert werden. Dafür hat die Bundesrepublik große Röhren für die Leitung (Pipeline) geliefert. Diese Röhren sollen mit dem Erdgas bezahlt werden.

Die Pipeline ist etwa 2000 km lang, durch die nun Erdgas nach Deutschland strömt. Bei dem Bau dieser Leitung mußten viele Schwierigkeiten überwunden werden. Allein bei dem 102 km langen Streckenabschnitt von Waidhaus nach Nürnberg wurden 88 Straßen, 5 Bahnlinien und 11 Wasserläufe gekreuzt. Trotzdem schafften 450 Beschäftigte seinen Bau in vier Monaten. Eine 104 km lange Zweigleitung versorgt den Raum München.

Erdgas, Pipeline

Abb. 17   Verlauf der Erdgasleitung. Verfolge den Verlauf der Erdgasleitung auch im Atlas!

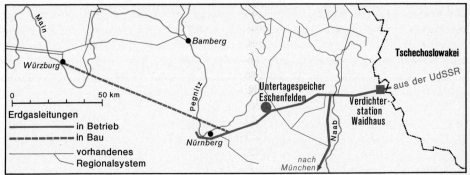

SCHÄFER · WELTKUNDE 5./6. Schuljahr. Unterrichtsreihe VII. Best.-Nr. 21507. Ferdinand Schöningh, Paderborn

1. Aus Erz wird Stahl

Ein lang ersehnter Traum wurde Wirklichkeit:
Seit 1973 verbindet eine Hängebrücke über den Bosporus Europa mit Asien. In einer
Höhe von 64 m überspannt sie die Meerenge. Ihre Gesamtlänge beträgt 1560 m.
Die Mittelöffnung (von Ufer zu Ufer) mißt 1074 m. Ohne Stahl wäre diese Brücke
nicht möglich. 17000 Tonnen wurden verbaut. Etwa 850 Eisenbahnwagen mit
20 Tonnen waren erforderlich, um diese Menge an Stahl zu transportieren.

*1. Suche im Atlas den Bosporus! — 2. Stahl spielt im Leben der Menschen eine bedeutende
Rolle. Nenne weitere Dinge, die aus Stahl hergestellt werden!*

In Hüttenwerken wird aus Eisenerz (siehe Eisenerz, S. VI 12) Roheisen erschmolzen.
Den Vorgang nennt man Verhüttung. Hochöfen übernehmen diese Aufgabe. Sie
sind bis zu 110 m hoch. Über einen Schrägaufzug wird von oben abwechselnd Eisenerz, Steinkohlenkoks und Kalkstein eingefüllt.
Für den Schmelzvorgang ist große Hitze erforderlich. Sie entsteht bei der Verbren-
nung des Kokses. In die neuesten Hochöfen wird zusätzlich noch Öl eingeblasen.
Bei etwa 1100° C schmilzt das Eisenerz. Um diese Temperatur zu erreichen, muß
die zum Verbrennen erforderliche Luft vorgewärmt werden. Das geschieht in Wind-
erhitzern, die neben einem Hochofen stehen.
Der Kalkstein verbindet sich mit den Gesteinsbeimengungen des Erzes zu einer
leichten Schlacke. Sie schwimmt auf dem flüssigen Eisen. So kann man oben die
flüssige Schlacke, unten das Roheisen ablassen. Das flüssige Roheisen fließt bei
einer Temperatur von 1250° bis 1450°C durch eine Öffnung in Tiegelwagen. Dieser
„Abstich" erfolgt in Abständen von 3 bis 6 Stunden.
Die Übersicht zeigt, was für die Gewinnung einer Tonne Roheisen benötigt wird:

400 kg Koks + 100 kg Öl + 500 kg Kalkstein + 2000 kg Erz → 1 t (= 1000 kg) Roheisen

Abb. 1   Bosporus-Hängebrücke

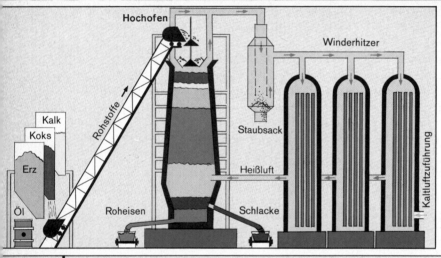

Hochofen

Winderhitzer

Kalk

Koks

Rohstoffe

Erz

Staubsack

Öl

Heißluft

Roheisen

Schlacke

Kaltluftzuführung

Abb. 2 Der 110 m hohe 10000t-Großhochofen Schwelgern I (August Thyssen-Hütte, Duisburg)

Abb. 3 Schema eines Hochofens

Abb. 4 Die Arbeitsgänge in einem Blasstahlwerk

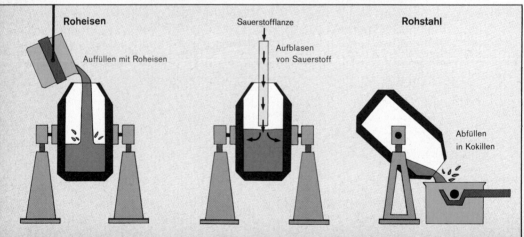

Roheisen

Sauerstofflanze

Rohstahl

Auffüllen mit Roheisen

Aufblasen von Sauerstoff

Abfüllen in Kokillen

Abb. 5 Steuerstand einer Hochofenanlage (Werk Ruhrort der ATH)

3. *Beschreibe Abb. 2! —* **4.** *Nenne die einzelnen Schritte der Roheisengewinnung! Siehe auch Abb. 3! —* **5.** *Welche Aufgaben haben die Winderhitzer? —* **6.** *Welchem Zweck dient der Kalkstein bei der Verhüttung? —* **7.** *Im Großhochofen Schwelgern I (Abb. 2) werden täglich 10000 Tonnen Roheisen erzeugt. Wieviel Tonnen Roheisen erzeugt der Hochofen im Monat?*

In Stahlwerken wird das Roheisen zu Stahl veredelt. Dabei wird es von Verunreinigungen befreit. Diese machen nämlich das Roheisen brüchig, so daß es schlecht weiterverarbeitet werden kann. Das flüssige Roheisen wird in einen birnenförmigen Behälter (Konverter) gegossen. Durch eine „Lanze" wird dann unter hohem Druck reiner Sauerstoff eingeblasen. Dabei verbrennt der im Eisen noch vorhandene Kohlenstoff.
Wird vom Stahl besondere Härte oder Zähigkeit, Hitze- oder Säurefestigkeit, geringe Wärmeausdehnung oder Geschmeidigkeit verlangt, setzt man andere Metalle hinzu: Stahlveredler. — Nach einer Blaszeit von etwa 20 Minuten kann der fertige, flüssige Stahl in große Formen (Kokillen) gegossen werden.

8. *Erläutere die Arbeitsvorgänge bei der Stahlherstellung! Siehe auch Abb. 4! —* **9.** *Erkläre den Begriff „Blasstahlwerk"! —* **10.** *Nenne Aufgaben der Stahlveredler!*

Im Walzwerk werden die schweren, rotglühenden Rohstahlblöcke geformt. Dies geschieht auf einer etwa 300 m langen Walzstraße. Hier preßt man die Blöcke durch schwere, hintereinanderliegende Walzenpaare. Ein letztes Walzenpaar gibt ihnen die endgültige Form. Auf diese Weise werden Stabeisen, T-Träger, Eisenbahnschienen, Walzdraht und Bleche verschiedener Dicke gefertigt. So wurden auch viele Stahlteile für den Brückenbau am Bosporus in Walzwerken hergestellt.

Im Hüttenwerk wird aus Erz mit Hilfe von Koks, Öl und Kalkstein Roheisen gewonnen. Im Stahlwerk wird das Roheisen zu Stahl veredelt, und im Walzwerk wird der Stahl geformt.

Hüttenwerk, Hochofen, Roheisen; Stahlwerk, Konverter, Stahl; Walzwerk

Abb. 6 Blasstahlwerk. Abgießen eines Konverters   Abb. 7 Walzstraße   VII 3

Abb. 8 Buchdruckerwerkstatt: Setzen des Textes, Druckerpresse (Kupferstich, um 1580)

2. Maschinen erleichtern den Menschen die Arbeit

Stahl ist heute der wichtigste Rohstoff für den Bau von Maschinen. Wie sehr diese die Arbeit des Menschen und damit auch sein Leben verändert haben, wollen wir uns an einem Beispiel klar machen.

In Handarbeit, mühsam und langwierig, wurden früher Bücher von Mönchen geschrieben. Jahre vergingen, ehe ein Buch fertig und mit kunstvollen Handzeichnungen versehen war. Die Vervielfältigung eines Buches konnte ebenfalls nur handschriftlich erfolgen. Um ein Buch zu kaufen, mußte man damals sehr viel Geld bezahlen. Eine Bücherei, in der vier oder fünf Bücher standen, konnte als reich ausgestattet angesehen werden. Später schnitt man die Schriftzeichen spiegelverkehrt in Buchenholz (Buchstabe) ein. Dadurch konnte man eine ganze Textseite auf einmal drucken und sogar mehrere Drucke anfertigen.
Um 1440 kam Johannes Gutenberg auf den Gedanken, Textzeilen und ganze Textseiten aus einzelnen Buchstaben zusammenzusetzen. Er nahm dazu den Rohstoff Blei, das man leicht schmelzen und gießen konnte. Die Buchstaben konnten nun in großer Zahl hergestellt und verwendet werden. Waren die Buchstaben erst einmal in die Druckform „gesetzt" und Druckerschwärze aufgetragen, entstand in einer Handpresse die fertige Buchseite. 1452 bis 1455 wurde das erste Buch, die Bibel, nach diesem Verfahren mit beweglichen Metallbuchstaben in Mainz gedruckt.

1. *Welche Möglichkeit bietet der Holzschnitt gegenüber einem handgeschriebenen Buch?* — **2.** *Welche Vorteile hatte die Erfindung Gutenbergs gegenüber dem Druck mit Holzschnitt?* — **3.** *Du kannst dir selbst eine Druckplatte, z. B. für eine Glückwunschkarte, anfertigen. Benutze jedoch statt Buchenholz Linoleum, das du mit den entsprechenden Linoleumfedern leichter bearbeiten kannst!*

Maschinen, von Motoren getrieben, übernehmen heute die zur Zeit Gutenbergs noch notwendige Handarbeit. Hochwertige Rohstoffe, vor allem Stahl von hoher Qualität, ermöglichen ihre außerordentlichen Leistungen.

So bedient in der Setzerei der Setzer eine Art Schreibmaschine. Beim Tippen fallen die gewünschten Buchstaben aus gefüllten Schächten heraus und ordnen sich zu Zeilen. In wenigen Minuten ist eine Textseite fertig abgesetzt. Nun wird die Textseite abgedruckt. Diese gedruckte „Fahne" wird auf Fehler überprüft.

Die verbesserten Seiten werden in der Druckerei zu Druckformen zusammengestellt. Bei deinem Buch waren es jeweils 16 Seiten.
Zylinder - Druckpressen bedrucken in der Druckerei in wenigen Stunden Tausende von großen Papierbögen, die anschließend auf die Größe der Buchseiten zusammengefaltet werden. Schließlich liefert die Buchbinderei das fertige Buch.

Abb. 9
Bogenoffsetdruckmaschinen

Entwicklung neuer Rohstoffe und Erfindungsgabe vieler Menschen waren notwendig, um für den Buchdruck leistungsfähige Maschinen zu entwickeln. Sie haben in Größe und Aussehen nichts mehr mit der einfachen Handpresse Gutenbergs gemeinsam. Auch in vielen anderen Berufen haben Maschinen die Handarbeit ersetzt. Und der Maschinenbau ist zum wichtigsten Industriezweig geworden, der viele Menschen beschäftigt.

Maschinen erleichtern dem Menschen die körperliche Arbeit. Vielfach hat er nur noch wenige Handgriffe auszuführen. Diese muß er oft in dem Tempo vollziehen, das durch die Geschwindigkeit der Maschine bestimmt wird. Nicht immer sieht er das fertige Produkt. Die Arbeit ist zwar leichter, aber auch eintöniger geworden.

4. *Nenne die Arbeitsgänge bei der heutigen Buchherstellung! —* **5.** *Welchen Vorteil haben große Druckereimaschinen? —* **6.** *Schau dir deinen Bücherschrank an! Überlege dir, warum man heute viele Bücher kaufen kann! Was bedeutet das im Hinblick auf die Bildung der Menschen? —* **7.** *Nenne andere Maschinen, die dem Menschen die körperliche Arbeit erleichtern! —* **8.** *Was bedeutet der Einsatz von Maschinen für die Freizeit des Menschen? —* **9.** *Begründe, warum Maschinen heute notwendig sind! Denke an die Versorgung der Bevölkerung, den Zeitaufwand bei Handarbeit und Maschineneinsatz!*

Handarbeit, Maschine, Maschinenbau

Abb. 10 In einer Erdöl-Raffinerie

3. Chemische Fabriken schaffen neue Stoffe

1. *Warum nennt man eine Erdöl-Raffinerie auch „Silberne Stadt der silbernen Röhren"?*

Um Erdöl nutzen zu können, z. B. als Kraftquelle, muß es verarbeitet werden. Wie du sehen wirst, ist das „flüssige Gold" ein geheimnisvoller Rohstoff.

In Erdöl-Raffinerien wird das Erdöl aufbereitet. Es sind gewaltige Industrieanlagen die durch ihre schlanken Türme, großen Behälter und ein Spinnennetz von Rohrleitungen auffallen. Eine Raffinerie ist leicht an ihrer dauernd brennenden Abgas-Fackel erkennbar. Kein Maschinenlärm dringt nach außen. Nur ein gedämpftes Sausen und Brausen ist in der Nähe der Rohrleitungen zu vernehmen. Unsichtbar strömen Flüssigkeiten und Gase durch Röhren und Türme. Eine Erdöl-Raffinerie ist eine wahre „Geisterstadt". Die Verarbeitung des Rohöls findet „unter Ausschluß der Öffentlichkeit statt"! Sehen kann man erst die Erzeugnisse. Gearbeitet wird hier Tag und Nacht. Die Arbeitsvorgänge werden von einem Kontrollturm aus überwacht.

Abb. 11 Zentraler Leitstand einer Erdöl-Raffinerie

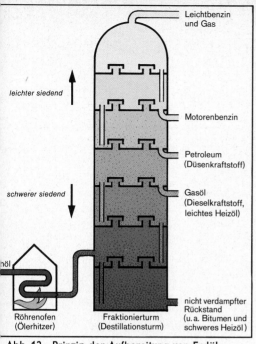

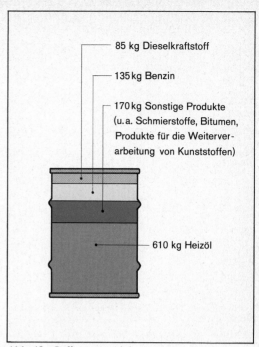

Abb. 12   Prinzip der Aufbereitung von Erdöl   Abb. 13   Raffinerieprodukte aus 1 t Rohöl

Was in einer Raffinerie vorgeht, läßt sich leicht durch ein einfaches Beispiel aus deinem Erfahrungsbereich verständlich machen: Wenn du Wasser in einem Kessel erhitzt, bildet sich Dampf. Dieser kühlt sich an der Fensterscheibe ab. Dabei bilden sich kleine Wassertröpfchen. Ähnliches geschieht in einem Destillations-Turm. Die verschiedenen Bestandteile im Erdöl verdampfen aber bei unterschiedlichen Temperaturen. Dadurch kann man sie voneinander trennen. Nach Abkühlung setzen sich diese Dämpfe zum größten Teil als Flüssigkeiten wieder ab und werden in Auffangbehälter abgeleitet. Die Erdöl-Raffinerien liefern Treibstoffe und Heizöl, aber auch Grundstoffe für chemische Fabriken.

2. *Woran ist eine Raffinerie leicht zu erkennen? —* **3.** *Eine Raffinerie beschäftigt auf großer Fläche verhältnismäßig wenig Menschen (im Durchschnitt 250 Arbeitskräfte, eine Autofabrik dagegen ca. 18000). Wie erklärst du das? —* **4.** *Eine Raffinerie muß betriebstüchtig gehalten werden. Welche Tätigkeiten sind dazu nötig? Denke an die kilometerlangen Rohrleitungen, durch die ununterbrochen Flüssigkeiten und Gase strömen!*

Die weiterverarbeitenden chemischen Fabriken stellen aus Raffinerieprodukten mehr als 5000 Erzeugnisse her. Schiff, Eisenbahn, Tankwagen oder Pipeline führen die notwendigen Grundstoffe von den Raffinerien heran. Außer diesen Erzeugnissen werden Rohstoffe wie Kohle, Salz und Kalk benötigt. Überall im täglichen Leben begegnen dir Produkte, die in chemischen Werken hergestellt werden.

Grund- und Rohstoffe und Endprodukte der chemischen Fabriken

Chemische Fabriken

verarbeiten: Gas, Benzin, Öle, Teerstoffe, Kohle, Salz, Kalk, Wasser

stellen her: Farben, Lacke, Düngemittel, Schädlingsbekämpfungsmittel, Seifen, Waschmittel, künstlichen Kautschuk, Parfüms, Medikamente, Kunststoffe (Plastik), Kunstfasern (Perlon, Nylon), Sprengstoffe

Abb. 14 In einem Chemiewerk: Pflanzenschutzmittel-Produktion

Die nötige Energie für die Verarbeitung beziehen große chemische Werke oft aus eigenen Kraftwerken. Die Kohle, das Erdöl und Erdgas sind die Energielieferanten. Teilweise werden die Abfälle, die immer bei der Produktion von Kunststoffen entstehen, in Kraftwerken verbrannt.

Bei der Produktion sind die chemischen Werke daran interessiert, die Grund- und Rohstoffe so zu nutzen, daß möglichst wenig Abfälle anfallen, weder in flüssiger noch in fester Form. Für die Herstellung ihrer Erzeugnisse benötigen die chemischen Fabriken sehr viel Wasser. Deshalb haben sie ihren Standort meist an Flüssen und Kanälen. Die chemische Industrie ist der größte Wasserverbraucher, sie verbraucht mehr als alle Haushalte in Deutschland. Die Abwässer der chemischen Werke, wie auch anderer Fabriken, müssen erst in Kläranlagen gereinigt werden, bevor sie wieder in die Flüsse geleitet werden können.

In modernen Forschungsstätten der großen chemischen Fabriken werden ständig neue Stoffe entwickelt. Häufig müssen viele Millionen DM ausgegeben werden, bis ein Erzeugnis preiswert hergestellt werden kann. Der Kostenaufwand für Forschung und Verbesserung der Herstellungsverfahren zahlt sich aber aus, denn der Bedarf an Chemieprodukten steigt ständig. Die Forschungsstätten beschäftigen sich auch mit der Beseitigung der Abfälle und der Reinigung der Abwässer. Doch noch immer gelangen schädliche Stoffe in unsere Flüsse.

6. Woher bezieht die weiterverarbeitende chemische Industrie zum großen Teil ihre Grundstoffe? — 7. Nenne Erzeugnisse der chemischen Industrie, die aus Erdöl hergestellt werden! — 8. Suche im Atlas die Standorte der chemischen Industrie!

Rohstoffe, Erdöl, Raffinerie, Benzin, Heizöl, Dieselkraftstoff, chemische Fabriken, Grundstoffe, Endprodukte, Kunststoffe

4. Fabriken versorgen uns mit Kleidung

Vielleicht hast du einmal deine Mutter beobachtet, wie sie dir einen Pullover aus Wolle strickt. Du wirst sicher festgestellt haben, daß es ziemlich lange dauert, bis aus den Wollknäueln ein fertiger Pullover entsteht.

Im vorigen Jahrhundert wurde in vielen Bauernhäusern an langen Winterabenden noch Flachs (Leinen) oder Wolle zu Garn versponnen und auf Webstühlen zu Tuch gewebt. Den Flachs baute man auf eigenen Äckern an, die Wolle lieferten eigene Schafe. Seit dem letzten Jahrhundert ist die Bevölkerungszahl ständig gestiegen, ebenso der Bedarf an Kleidung. Der Flachs und die Wolle als Rohstoff für die Herstellung von Kleidung reichen nicht mehr aus.

1. Nenne andere Rohstoffe, aus denen Kleidung hergestellt werden kann! — 2. Betrachte die eingenähten Schilder in deiner Kleidung und erzähle, aus welchem Material sie hergestellt ist!

Unterschiedliche Rohstoffe sind für unsere Kleidung nötig. So verarbeitet die Textilindustrie Naturfasern wie Wolle, Baumwolle und Seide oder Kunstfasern wie Nylon, Trevira und Dralon. Die Naturfasern müssen größtenteils aus dem Ausland eingeführt werden. Schafwolle liefern vor allem Australien und Neuseeland. Hier weiden auf riesigen Flächen Millionen von Schafen. Baumwolle beziehen wir aus den Vereinigten Staaten von Amerika und Ägypten. Denn die Samenkapseln des Baumwollstrauches brauchen in der Reifezeit ein besonders warmes und trockenes Klima. Die Seide kommt meist aus Süd- und Ostasien, wo sie schon Jahrtausende bekannt ist. Die Raupe des Seidenspinners liefert die Rohseide. Die ausgewachsene Raupe spinnt sich in 3 bis 5 Tagen ein. Diese Gespinsthülle (Kokon) besteht aus einem bis zu 4000 m langen Faden. Um die Seide zu gewinnen, tötet der Mensch die Raupe, indem er sie trockener Hitze oder heißem Wasserdampf aussetzt. Die Kokons werden dann in heißem Wasser aufgeweicht und die Seidenfäden abgehaspelt. Die natürlichen Rohstoffe werden heute jedoch häufig durch Kunstfasern ersetzt. Sie können im eigenen Land hergestellt werden. Den Rohstoff für die Kunstfaserherstellung und die fertigen Fasern liefert die chemische Industrie.

In der Spinnerei werden die Fasern zu Garn versponnen. Durch gleichzeitiges Auseinanderziehen und Drehen werden die kurzen Fasern zu einem gleichmäßigen Faden verarbeitet. Die Spinnmaschinen liefern zum Teil Naturgarne oder bei Zusatz von Kunstfasern Mischgarne. Das Garn muß möglichst sorgfältig gesponnen werden, damit auch später ein gleichmäßiger Stoff entsteht. Manche Garne werden anschließend eingefärbt, ehe sie in die Weberei gelangen.

3. Welchen Vorteil haben Mischgarne bei der Herstellung von Kleidung? (Denke an die Reißfestigkeit und die Pflege der Stoffe!) — 4. Vergleiche die Preise eines Pullovers, der aus reiner Wolle hergestellt ist, und eines Pullovers aus Mischgarn. Was kannst du feststellen?

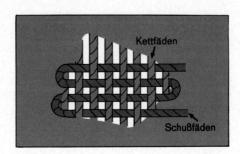

Abb. 15 Stopfen eines Loches

Abb. 16 In einer chinesischen Baumwollspinnerei

In der Weberei wird das Garn zu Stoffen verarbeitet. In riesigen Hallen stehen oft mehr als hundert große Webstühle. Der Lärm der Maschinen ist ohrenbetäubend. Hier werden die Garne als lange, dichte Fadenbündel in die Maschinen eingeführt. Mit schnellen Bewegungen schießt das länglich-spitze Weberschiffchen die „Schußfäden" quer durch die „Kettfäden".
Den Vorgang des Webens kannst du dir leicht vorstellen, wenn du an das Stopfen deiner Strümpfe denkst. Was deine Mutter mit einer Stopfnadel ausführt, besorgt in der Weberei das Weberschiffchen.
Aus den heute elektrisch betriebenen Webstühlen kommt das fertige Gewebe. War das Garn nicht schon vorher gefärbt, so muß jetzt der Stoff eingefärbt oder mit Mustern bedruckt werden. Erst dann können die Stoffe weiterverarbeitet werden.

In Bekleidungsfabriken werden die Stoffballen zu Kleidung verarbeitet. Von Zuschneidemaschinen werden aus dem Stoff nach einem Schnittmuster die Einzelteile für ein Kleidungsstück herausgeschnitten. Der Stoff liegt in Lagen bis zu 40 cm übereinander. Dadurch wird ein Einzelteil gleich vielfach ausgeschnitten. Die Einzelteile kommen in die Näherei. An vielen Nähmaschinen werden hier von Frauen die Einzelteile zusammengenäht. Maschinen nähen dann Knopflöcher und heften die Knöpfe an. Aufgabe der Menschen ist es, die Maschinen zu überwachen, damit die Fertigung schnell und reibungslos abläuft. Die fertigen Kleidungsstücke werden schließlich überprüft und erhalten in der Bügelei ihre endgültige Form. So werden in großer Zahl Kleider, Mäntel und Anzüge aus den Stoffen hergestellt.
In Bekleidungsgeschäften wartet diese Fertigware auf die Käufer. Modische Kleidung hängt in verschiedenen Farben und Größen auf den Stangen der Geschäfte. Aus dem großen Angebot kann sich jeder ein Kleidungsstück nach seinem Geschmack aussuchen.

Abb. 17   In einer chinesischen Bekleidungsfabrik

5. *Welche Fabriken liefern die Farbstoffe für die Textilindustrie? —* **6.** *Welche An-forderung stellt der Käufer an die Beschaffenheit der Farben seiner Kleidung? —* **7.** *Vergleiche Abb. 16 und 17! In welchem Betrieb ist mehr Handarbeit erforderlich? —* **8.** *Warum kann eine Bekleidungsfabrik einen Anzug billiger herstellen als ein Schneider? —* **9.** *Suche Räume mit Textilindustrie in Deutschland auf! Nenne die wichtigsten Städte in ihnen! —* **10.** *Welche Folgen hat der Import von Bekleidung und Textilien aus sog. „Niedrigpreisländern" für die deutsche Bekleidungs- und Textilindustrie?*

Abb. 18   Von der Faser zur Bekleidung

Naturfasern		Kunstfasern			
pflanzlich	tierisch	Trevira	Nylon	Perlon	Dralon
Baumwolle Flachs	Schafwolle Seide			usw.	

Spinnerei (Garne)	Färberei	Weberei (Stoffe)

TEXTILINDUSTRIE

BEKLEIDUNGSINDUSTRIE
Kleider, Mäntel, Anzüge

Naturfasern: Wolle, Flachs (Leinen), Baumwolle, Seide; Kunstfasern; Textilindustrie: Spinnerei, Weberei, Färberei; Bekleidungsindustrie

Abb. 19   Beim Maisstampfen

5. Lebensmittel aus der Dose

Die Versorgung mit Lebensmitteln ist bei manchen Stämmen in Afrika wie auch bei vielen anderen Völkern nur auf den täglichen Bedarf ausgerichtet. Die Afrikanerin in Abb. 19 zerstampft Maiskörner in einem Holzgefäß. Auf diese Weise gewinnt sie Maismehl, um Brot zu backen. Jeden Tag muß sie von neuem Mais zu Mehl zerkleinern, um die einfache Mahlzeit für die Familie zuzubereiten.
Auf dem kleinen Feld wird gerade so viel Mais angebaut, wie die Familie zum Leben braucht. Die Mahlzeit aus Maisbrot wird teilweise durch selbst angebautes Gemüse oder gesammelte Früchte ergänzt.
Die Menschen der einfach lebenden Völker verbringen den größten Teil ihrer Zeit für die Nahrungsbeschaffung und Nahrungszubereitung. Diese Völker leben in den immerfeuchten und heißen Gebieten der Erde, wo Nahrungsmittel schnell verderben. Die Nahrung muß sofort verbraucht werden. Es kann aber zu jeder Jahreszeit geerntet werden, so daß kaum Vorratswirtschaft betrieben wird.

Die Konservierung von Nahrungsmitteln ist bei unserem Klima schon immer notwendig gewesen, da im Winter nichts wächst. Die Menschen müssen aber ständig versorgt werden, ohne Rücksicht auf die Jahreszeiten. Außerdem ist die Bevölkerung in den Städten rasch angewachsen. Sie muß teilweise von weither versorgt werden. Deshalb ist es immer wichtiger geworden, Lebensmittel haltbar zu machen.
Das „Alte Land" ist z. B. der Obstgarten Hamburgs. Hier werden Äpfel, Kirschen und Pflaumen angebaut. Einen großen Teil der Ernte bringen die Bauern in die Millionenstadt frisch auf den Markt. Das „Alte Land" liefert aber weit mehr, als in Hamburg sofort verbraucht werden kann.
Das ist auch in anderen Teilen Deutschlands so: auf der Reichenau, im Oberrheingraben, am Niederrhein, im Harzvorland. Überall geht der Ernteüberschuß in Konservenfabriken.

1. *Welche Konservierungsmöglichkeiten kennst du? —* **2.** *Wie werden bei dir zu Hause Gurken, Kürbis, Obst und Mohrrüben aus dem eigenen Garten für längere Zeit haltbar gemacht? —* **3.** *Welche haltbar gemachten Lebensmittel kauft deine Mutter? Wie wurden sie konserviert? —* **4.** *Was verstehst du unter einer „Konserve"?*

In Konservenfabriken werden die Erzeugnisse aus der Land- und Viehwirtschaft sowie der Fischerei zu dauerhaften Lebensmitteln verarbeitet. Hier werden sie geräuchert oder gesalzen, getrocknet, eingefroren oder vorgekocht, ehe sie als konservierte und verpackte Produkte die Fabriken verlassen. Aus schnell verderblicher Ware sind haltbare Nahrungsmittel aufbereitet worden. Sie bleiben monatelang, teilweise jahrelang genießbar, allerdings nur bei sorgfältiger Lagerung. Rindfleisch wurde zum Beispiel erstmals 1866 in Australien in Dosen haltbar eingekocht („corned beef"). Es hat lange gedauert, bis man herausgefunden hatte, wie man solche Konserven herstellen konnte.

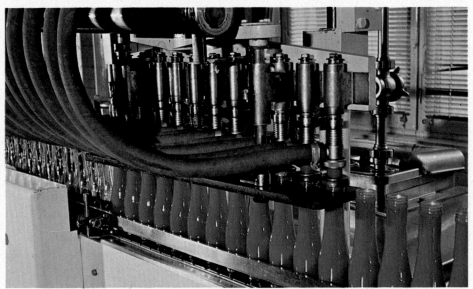

Abb. 20   In einer Konservenfabrik (Saucen—Abfüllung)

Konserven finden im täglichen Leben immer größere Verbreitung. Die Konservierung von Lebensmitteln ermöglicht eine Vorratswirtschaft und Zeitersparnis bei der Zubereitung der täglichen Mahlzeit. Bei einem Camping-Urlaub in abgelegenen Gebieten, wo es keine Einkaufsmöglichkeiten gibt, versorgen die Konserven die Urlauber mit abwechslungsreicher und schmackhafter Nahrung.

5. *Schreibe auf ein Blatt Papier, in welchen Orten und Ländern die von deiner Mutter gekauften Konserven hergestellt wurden und was sie enthalten! —* **6.** *In Indien und Afrika brechen oft Hungersnöte aus. Tausende von Menschen warten auf Hilfe aus dem Ausland. Wie können Hilfsorganisationen trotz der weiten Entfernung die Menschen mit lebensnotwendigen Gütern versorgen?*

Konservierung, Konservenfabriken, Vorratswirtschaft

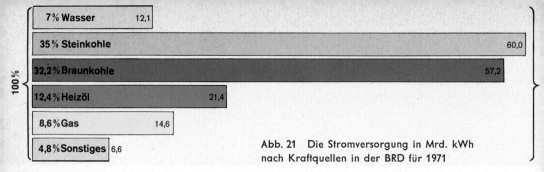

100%		
7% Wasser	12,1	
35% Steinkohle		60,0
32,2% Braunkohle		57,2
12,4% Heizöl	21,4	
8,6% Gas	14,6	
4,8% Sonstiges	6,6	

Abb. 21 Die Stromversorgung in Mrd. kWh
nach Kraftquellen in der BRD für 1971

6. Elektrizität aus Wasserkraft und Kohle

Elektrizität ist aus unserem Leben nicht mehr fortzudenken. Man kann sie überall hinleiten. Sie spendet Licht und Wärme und treibt Maschinen an. Kraftwerke liefern den elektrischen Strom.

In Wasserkraftwerken treibt das fließende Wasser eine Turbine, ein verbessertes Wasserrad, an. Diese Turbine ist mit einem Generator verbunden. Der Generator ist ein großer Dynamo. Er arbeitet so wie der kleine Dynamo an deinem Fahrrad. Wenn er an den Reifen gelegt wird und sich mitdreht, erzeugt er Strom. Deine Fahrradlampe leuchtet auf. Je schneller sich das Rad dreht, um so schneller dreht sich auch der Dynamo, um so mehr Strom wird erzeugt und um so heller leuchtet die Lampe. Die Leistung des Generators in einem Wasserkraftwerk hängt von der Geschwindigkeit ab, mit der sich die Turbine dreht. Sie dreht sich um so schneller, je größer die Wassermenge und der Wasserdruck sind. Ein Wasserkraftwerk kann in ganz kurzer Zeit die Stromerzeugung nach Bedarf einschalten oder abschalten.

1. Wozu braucht man den elektrischen Strom? Trage in eine Tabelle die Namen elektrischer Geräte ein! Gliedere nach: Lichtspender — Wärmespender — Kraftspender! — 2. Wiederhole den Vorgang der Stromerzeugung! — 3. Welche Aufgabe hat die Turbine, welche der Generator? — 4. Wovon ist die Stromerzeugung in einem Wasserkraftwerk abhängig?

Das Walchenseekraftwerk ist das größte Kraftwerk in den deutschen Alpen. Es liefert jährlich 370 Millionen kWh (Kilowattstunden). Der Walchensee liegt 200 m höher als der etwas nördlicher liegende Kochelsee. Dieser Höhenunterschied wird für die Stromerzeugung genutzt. Zwischen den beiden Seen liegt ein Bergrücken, der Kesselberg. Vom Walchensee bohrte man einen 1200 m langen Stollen durch den Kesselberg. Das Ende dieses Stollens liegt 183 m über dem Wasserspiegel des Kochelsees. Von hier aus fällt das Wasser durch sechs Rohre auf acht Turbinen mit ihren Generatoren im Kraftwerk am Kochelsee. Diese Rohre haben oben einen Durchmesser von 2,25 m und 1,20 m an der Turbine. Der erzeugte Strom geht über 40 m hohe Starkstromleitungen ins Land hinaus.
Das Wasser für das Kraftwerk fließt ständig aus dem Walchensee ab. Da er nur wenige Zuflüsse besitzt, müßte er allmählich leer werden. Daher hat man das Wasser im Oberlauf der Isar und des Rißbachs gestaut und leitet es durch einen Kanal und Stollen zum See (Abb. 23).

5. Suche Walchensee und Kochelsee auf der Karte! — 6. Das Walchenseekraftwerk liefert jährlich 370 Mill. kWh. Wieviel Kilowattstunden verbraucht ihr zu Hause in einem Jahr? Wieviel Haushalte könnte das Walchenseekraftwerk versorgen?

Abb. 22
Walchenseekraftwerk

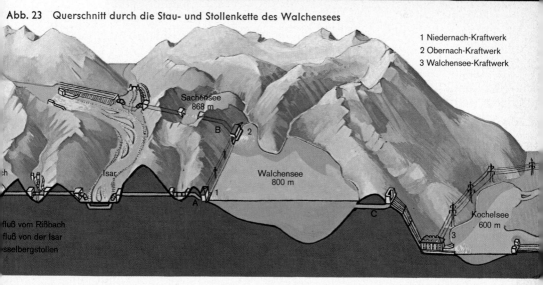

Abb. 23   Querschnitt durch die Stau- und Stollenkette des Walchensees

1 Niedernach-Kraftwerk
2 Obernach-Kraftwerk
3 Walchensee-Kraftwerk

Sachensee
868 m

B   2

Walchensee
800 m

Isar

A   1

C

Kochelsee
600 m

fluß vom Rißbach
fluß von der Isar
sselbergstollen

3

In Wärmekraftwerken sind Kohle, Gas und Öl die wichtigsten Rohstoffe für die Stromerzeugung. Mit ihnen wird Wasser erhitzt. Dabei entsteht Wasserdampf. Der Dampfdruck treibt Turbinen an und setzt dadurch Generatoren in Bewegung, die Strom liefern.

Das Braunkohlenkraftwerk Frimmersdorf in der Ville ist das größte Wärmekraftwerk Europas. Dieses Kraftwerk sowie fünf weitere Großkraftwerke nutzen die Braunkohle im rheinischen Braunkohlenrevier zwischen Köln und Aachen. Die Kohle wird über Förderbänder direkt aus dem Tagebau oder über das eigene Bahnnetz in das Kraftwerk befördert. Da die Rohbraunkohle einen hohen Wassergehalt hat, ist ein weiter Transport unwirtschaftlich. Die größten Turbinen in Frimmersdorf haben eine Leistung von 600000 kWh. An einem Tag sind für die Dampferzeugung einer solchen Turbine bei voller Leistung 18000 Tonnen Rohbraunkohle nötig. Das wären 900 Eisenbahnwagen zu 20 Tonnen. Eine einzige Turbine dieser Größe ist in der Lage, den Bedarf an elektrischer Energie für 1,1 Millionen Menschen zu decken. Diese Zahl entspricht etwa den Einwohnern der Städte Köln und Bonn zusammengenommen.

Abb. 24 Das Braunkohlenkraftwerk Frimmersdorf

Ein Verbundnetz verbindet die Kraftwerke der Bundesrepublik und die der meisten europäischen Länder miteinander. Es reicht heute von Spanien bis Jütland und vom Atlantik bis an die Adria. Fällt irgendwo ein Kraftwerk aus, können die Verbraucher der Umgebung dieses Kraftwerkes trotzdem mit Strom versorgt werden.

8. *Erläutere den Begriff „Wärmekraftwerk"! — **9.** Erkläre den Begriff „Verbundnetz"!*

Wasserkraftwerk, Turbine, Generator, Wärmekraftwerk, Verbundnetz

Politische Aufteilung Mitteleuropas

--------- Ländergrenzen in der Bundesrepublik
.... Bezirksgrenzen in der DDR

0   100   200 km

DÄNEMARK

Kiel

Schleswig-
Holstein

Rostc

Bremerhaven
zu Bremen
Hamburg

Schwerin

Bremen

Niedersachsen

NIEDERLANDE

Hannover

Magdeburg

Pot:

Nordrhein-

Westfalen
●Düsseldorf

Halle   ●Le

Erfurt

Gera   Chen

Hessen

Suhl●

BELGIEN

Rheinland-   ●Wiesbaden

LUXEM-
BURG

Pfalz Mainz

Saarland
●Saarbr.

FRANKREICH

Stuttgart

Bayern

Baden

Württemberg

München●

SCHWEIZ